Friedrich Weissensteiner • Klein und berühmt

FRIEDRICH WEISSENSTEINER

KLEIN UND BERÜHMT

Edith Piaf
Henri de Toulouse-Lautrec
Gottfried Keller
Franz Schubert
Napoleon Bonaparte
Immanuel Kant
Prinz Eugen

Bildquellennachweis:
Ullstein Bild: S. 27, 37, 47, 57, 71, 73, 113
Imagno/Austrian Archives: S. 53, 157, 163, 227, 237
Buenos Dias: S. 59
Österreichische Nationalbibliothek/Bildarchiv: S. 65, 77, 81, 93, 103,
119, 133, 137, 141, 145, 171, 177, 183, 187, 195, 199, 213, 223, 231

www.kremayr-scheriau.at

ISBN-13: 978-3-218-00764-1
ISBN-10: 3-218-00764-X
Copyright © 2006 by Buchverlage Kremayr & Scheriau/Orac, Wien
Alle Rechte vorbehalten
Schutzumschlag, Repro und Satz: Media & Grafik, Wien
Foto auf dem Schutzumschlag; Imagno/Austrian Archives, Napoleon I.,
Gemälde von Charles Steuben, 1812
Druck und Bindung: GGP Media GmbH, Pößneck

INHALT

VORWORT

Kleine Menschen haben es in der Regel nicht leicht im Leben. Sie wurden und werden von vielen Zeitgenossen für nicht ganz voll genommen, zum Teil sogar gering geschätzt. Man witzelt und spöttelt über sie, blickt auf sie herunter, übersieht sie. Körpergröße wird nach einem gängigen Vorurteil mit Körperkraft assoziiert. Wer klein ist, wird für untüchtig oder wenig leistungsfähig gehalten. Ein körperliches Mindestmaß war früher einmal die Voraussetzung für die Aufnahme in den Militärdienst. Wer es nicht erbringen konnte, wurde von der Gesellschaft mit Spott, Schimpf und Schande bedacht. In einer Zeit, in der die Uniform viel, die Zivilkleidung wenig galt, musste das schmerzen.

Kleine Menschen sind wahrscheinlich ehrgeiziger als andere. Sie wollen beachtet werden, etwas gelten, sie sehnen sich nach Anerkennung und Größe. Sie überkompensieren das organische Manko, das ihnen anhaftet, durch (geniale) geistige Leistung, wenn sie genetisch und willensmäßig die nötigen Voraussetzungen dafür haben. Das ist nichts Neues. Das hat vor hundert Jahren bereits der österreichische Psychologe Alfred Adler erkannt.

In diesem Buch beschäftige ich mich in subjektiver, aber keineswegs willkürlicher Auswahl mit Menschen von unterdurchschnittlicher Statur, die es durch ihre überragenden Leistungen auf dem Gebiet, auf dem sie tätig waren, zu Ansehen und Ruhm gebracht haben. Gemeinsam sind ihnen neben ihrer Kleinwüchsigkeit so typische Charaktereigenschaften wie Zielstrebigkeit, Geltungsbedürfnis, ein gerütteltes Maß an Durchsetzungsvermögen, Einfallsreichtum und Schöpferkraft. Auffallend auch, dass die meisten von ihnen einzelgängerische Individualisten waren, die keine festen oder nur Bindungen von kurzer Dauer eingegangen sind. Ansonsten waren sie so verschieden wie Menschen eben sein können. Das soziale Milieu, dem sie entstammten, reicht vom Unterschichtkind bis zum Abkömmling aus aristokratischem Geblüt, bildungsmäßig von Unterdurchschnittlichkeit bis zur akademisch-philosophischen Gelehrsamkeit.

In antichronologischer Abfolge setzt mein Buch mit Edith Piaf ein. In extremer Armut geboren und im Rotlichtmilieu aufgewachsen, stieg die kleine, unscheinbare Straßensängerin mit ihrer wunderbaren Stimme, ihrem unverwechselbaren Vortragsstil und ihrem Charisma zur weltberühmten Chansonette auf. Das kurze, dramatische Leben der Piaf, das sich jeder bürgerlichen Moral entzog, war gekennzeichnet von der Sehnsucht nach Liebe, von leidenschaftlichen Affären und furchtbaren Krankheiten. Durch ihren exzessiven Lebensstil, durch Drogen- und Trunksucht zum menschlichen Wrack geworden, starb Edith Piaf frühzeitig im Alter von 47 Jahren. Ihr Tod löste bei Millionen Menschen auf der ganzen Welt Trauer aus, ihr Leichenbegängnis übertraf jedes Staatsbegräbnis an echter, tief empfundener Anteilnahme und Betroffenheit.

Ein gesellschaftliches Enfant terrible wie Edith Piaf war auch ihr Landsmann Henri de Toulouse-Lautrec, der einem uralten französischen Adelsgeschlecht entstammte. Nach zwei erbmäßig bedingten Oberschenkelbrüchen in der Pubertät wuchs der Knabe nicht mehr und blieb zeitlebens

ein Krüppel. Seine fromme Mutter umsorgte, der standes-
bewusste Vater verachtete ihn. Henri löste sich aus seinem
familiären Background und ging nach Paris, wo er auf dem
Montmartre ein neues Zuhause fand. Von frühester Jugend
zum Zeichnen und zur Malerei hingezogen und dafür genial begabt, hielt er in seinen Zeichnungen, Porträts und
Plakaten den Amüsierbetrieb in den Bordellen und die
Glitzerwelt der Demimonde, in der er verkehrte und sich
wohl fühlte, mit unverwechselbarer Meisterschaft fest.
Lautrecs Werk gehört zum großen Erbe der französischen
Malerei des 19. Jahrhunderts.

Ein anderer Mann von geringer Körpergröße war
Napoleon Bonaparte. Auf Korsika geboren und in Frankreich ausgebildet, brachte er es zu Weltruhm, allerdings
nicht in der Kunst-, sondern in der mit Blut getränkten
Weltgeschichte. Napoleons Handeln wurde von unersätt-
licher Machtgier und von Größenwahn angetrieben. Der
kleine Korse warf sich zum Kaiser der Franzosen auf und
zwang (vorübergehend) weite Teile Europas unter seinen
unbändigen Herrscherwillen.

In Frankreich wuchs auch der berühmteste Feldherr
Österreichs auf: Prinz Eugen von Savoyen. Im Dienste
dreier römischer Kaiser legte er mit seinen Siegen über die
Türken das Fundament für die Großmachtstellung des
Hauses Habsburg. Der kühne Schlachtenlenker, der großen Kunstsinn und geschäftliches Talent besaß, erwarb sich
auch als Bauherr, Kunstsammler und Mäzen beachtens-
werte Verdienste.

Für militärisches Heldentum hatte Franz Schubert, mit
seiner ersten Lebenshälfte ein Zeitgenosse Napoleons, aber
auch schon gar nichts übrig. Militärdienst durfte er übri-

gens nicht leisten. Er war zu klein dafür. Schlachten blieben ihm erspart, Seelenkämpfe, zumal nach einer Erkrankung an Syphilis, nicht. Der Sohn eines Lehrers aus der Wiener Vorstadt erhielt eine gründliche musikalische Ausbildung. Er schuf in der kurzen Lebensspanne, die ihm gegönnt war, ein gewaltiges kompositorisches Werk (Liederzyklen, Kirchen- und Kammermusik, Sinfonien, Bühnenwerke), das bis heute im Schatten Mozarts und Beethovens steht.

Der Schweizer Schriftsteller Gottfried Keller zählt zu den bedeutendsten deutschsprachigen Erzählern des 19. Jahrhunderts. Keller war eine komplexe, komplexbeladene Persönlichkeit. Der kleinwüchsige Mann (1, 40 Meter), dessen Wunsch nach zärtlicher Zuneigung und Liebe keine Erfüllung fand – er hatte eine Vorliebe für große, vollschlanke Damen – setzte sich auf die vielfältigste Weise in Szene. Kampflustig und rebellisch veranlagt, scheute der schrullige Stadtschreiber von Zürich, dem erst im Spätherbst des Lebens ein literarischer Durchbruch gelang, selbst vor einer Wirtshausrauferei nicht zurück.

Auch Immanuel Kant, einer der größten Philosophen aller Zeiten, war von kleiner Gestalt. Aber in seinem schwächlichen Körper, den er einer strengen Disziplin unterwarf, lebte ein tief schürfender, weltumspannender Geist. Kant, der seine Heimatstadt Königsberg kaum je verließ, revolutionierte als Erforscher des menschlichen Erkenntnisvermögens das bis in seine Zeit tradierte Weltbild und postulierte mit seinem berühmt gewordenen kategorischen Imperativ für den Einzelnen wie die Gemeinschaft neue Maßstäbe moralischen und sittlichen Handelns. Immanuel Kant war aber keineswegs ein weltfremder Stubengelehrter. Er liebte Geselligkeit, besaß die Gabe gefälliger Unterhaltung, nahm das Mittagsmahl – er war Junggeselle – zumeist in einem Gasthaus ein, spielte Billard und unternahm tagtäglich zur festgesetzten Stunde einen Spaziergang. Für die Königsberger hätte keine Uhr die Zeit exakter anzeigen können.

Wien, im März 2006
Dr. Friedrich Weissensteiner

EDITH PIAF

Das klein gewachsene Stimmwunder aus Paris

Sie kam von ganz unten. Tiefer geht es kaum mehr. Und brachte es in ihrem kurzen Leben zum gefeierten, umjubelten Weltstar. Das ist eine abenteuerliche Geschichte, bunt, abwechslungsreich, bewegend, spannend.

Bereits die Geburt der weltberühmten Chansonette ist von Legenden umwoben. Wie Edith Piaf zur Welt gebracht wurde und unter welchen Umständen, ist bis heute umstritten. Maurice Chevalier, einer ihrer großen Vorgänger und Kollegen, der sie überlebte, enthüllte 1966 über dem Eingang des Hauses Nummer 72 in der Rue de Belleville, einer schmutzigen Pariser Vorstadtstraße, eine Gedenktafel mit der Aufschrift: „Auf den Stufen dieses Hauses wurde am 19. Dezember 1915 in äußerster Armut Edith Piaf geboren, deren Stimme später die Welt in ihren Bann zog."

Was daran mit Sicherheit stimmt, ist das Geburtsdatum. Der Geburtsort wird von den meisten Biografen in Zweifel gezogen. Als Beweis dient ihnen die Geburtsurkunde, die das Krankenhaus Hôpital Tenon im 20. Arrondissement in der Rue de la Chine Nr. 4 als Entbindungsstätte ausweist.

Über die Begleitumstände gibt es die verschiedensten Versionen. Die Mutter habe, als die Wehen einsetzten, ihren Mann zu dem etwa einen Kilometer von ihrer damaligen Unterkunft entfernten Krankenhaus um Beistand geschickt. Da aus irgendeinem Grund niemand kam, hätten zwei Polizisten, die die Hilferufe der Gebärenden hörten,

Hebammendienste geleistet, und das Baby sei auf dem ausgebreiteten Mantel eines Gendarmen im Schein einer Straßenlaterne entbunden worden. So erzählte es jedenfalls die Künstlerin selbst, die sich dabei auf ihre Halbschwester Denise berief.

Nach einer anderen Darstellung habe die Mutter das Hospital nicht mehr rechtzeitig erreicht und eine herbeigeeilte Krankenschwester habe die Nabelschnur des Kindes durchgeschnitten. Vom Vater ist da überhaupt nicht die Rede. Beide Lesarten lassen eine Reihe von Fragen offen, die nicht mehr zu klären sind. Fest steht, dass das kleine Mädchen, das auf den Namen Edith getauft wurde, in ärmlichsten Verhältnissen und unter widrigsten Umständen zur Welt kam.

Es war Krieg. Der Vater Ediths, Louis-Alphonse Gassion, diente in der französischen Armee. Er kehrte nach der Geburt des Kindes in den Schützengraben zurück. Louis hatte kurz nach Kriegsausbruch in Sens, einer Kleinstadt südöstlich von Paris, Anita Maillard geheiratet. Die Tochter aus einer Zirkusfamilie betrieb ein Karussell und trat, um sich etwas dazuzuverdienen, unter dem Namen Line Marsa als Sängerin in Kaffeehäusern auf. Sie war sechzehn, als sie ihrem doppelt so alten Bräutigam das Jawort gab, unreif und unerfahren. Um ihre Tochter kümmerte sie sich überhaupt nicht, aber sie vererbte ihr ihre Stimme. Und mit dieser Stimme, die schrill und zart sein konnte, grob und wohltönend, scharf und einschmeichelnd, stieg Edith Piaf vom Gossenkind zur Königin des Chansons auf.

Der Vater war ein kleinwüchsiger Artist, der mit drolligen Kunststücken das Zirkuspublikum begeisterte. Er balancierte auf dem Boden liegend mit den Fußsohlen Gegenstände, lief auf den Händen oder stülpte sich mit zugebundenen Augen einen Sack über den Kopf und vollführte einen Luftsprung. Louis Gassion maß nicht mehr als 1,47 Meter, wie übrigens auch Tochter Edith, und war leicht wie eine Feder (er wog etwa 40 Kilogramm). Gut aussehend, war er ein Frauenliebling und nützte jede Gelegenheit, um seine Männlichkeit unter Beweis zu stellen. Der klein gewachsene Don Juan soll etwa zwanzig Kinder in die Welt gesetzt haben.

Die Mutter kümmerte sich um ihr Kind nicht. Sie empfand es als Belastung und ging ihrer Wege. Sie überließ die kleine Edith ihrer aus Algerien stammenden Großmutter, die in der Nähe in einer Dachkammer hauste.

Das Kleinkind war bei ihr schlecht aufgehoben. Mena Maillard, die im Wanderzirkus ihres Mannes dem Publikum dressierte Flöhe vorführte, hatte ihre eigene Methode, mit dem schreienden Baby fertig zu werden. Sie füllte die Saugflasche Ediths mit Alkohol, wusch sie kaum, ließ es an jeglicher Pflege fehlen.

Als der Vater Ende 1917 auf Urlaub kam, war der ganze Körper des Kindes mit Krätzen bedeckt. Louis Gassion handelte unverzüglich. Er brachte das völlig verwahrloste Mädchen zu seiner eigenen Mutter nach Bernay, einer Kleinstadt in der Normandie. Madame Gassion war dort seit dem Tod ihres Mannes Köchin in einem Bordell. Das kleine Mädchen wird von den Damen des Hauses liebevoll umsorgt, geradezu verhätschelt. Sie kaufen Edith Puppen, spielen mit ihr, lassen zu, dass es auf einem Piano, das in einem der Zimmer steht, herumklimpert. Das Kind scheint ein angeborenes Musiktalent zu haben. Mit drei Jahren schlägt es bereits ein paar Akkorde an. Von den männlichen Besuchern, die kommen und gehen, bekommt die Kleine Süßigkeiten. Die gabenfrohe Kundschaft weiß sie natürlich nicht einzuschätzen.

Eines Tages wacht Edith mit rot geäderten, tränenden Augen auf. Die Großmutter ruft einen Arzt, der eine Hornhautentzündung diagnostiziert. Er behandelt das kleine Mädchen unsachgemäß. Das Leiden verschlechtert sich. Edith erblindet. Einige ihrer Biografen bezweifeln das, weil es keinen Beweis dafür gibt. Aber Edith Piaf hat als Erwachsene immer wieder von „diesen Jahren der Dunkelheit" gesprochen und dem „Wunder", das ihnen ein Ende setzte. Erinnerte sie sich tatsächlich daran oder passte die Darstellung gut in das Bild ihrer Lebensgeschichte? Das wird wohl nie mehr zu klären sein.

Das „Wunder" soll sich übrigens am 21. August 1921 im nahe gelegenen Lisieux vor dem Reliquienschrein der hl. Therese, die allerdings damals noch nicht kanonisiert war, abgespielt haben. Die sechsjährige Edith erlangte das Augenlicht wieder. Ab diesem Zeitpunkt spielte die Heilige in ihrem Leben eine zentrale Rolle. Edith Piaf trug einen Talisman der heiligen Therese um den Hals, ein Foto oder eine Statuette der Heiligen stand neben der Bibel auf ihrem Nachtkästchen, im eigenen Heim und an den zahlreichen Orten, an denen sie sich aufhielt.

Die Sechsjährige sieht wieder und jetzt wird sie wohl auch bemerkt haben, in welcher Umgebung sie aufwächst. Aber sie ist natürlich noch zu jung, um alles zu verstehen, was sich rund um sie abspielt. Der Ortspfarrer drängt darauf, dass das hellhörige Kind die Volksschule besucht.

Edith ist eine aufmerksame, lebhafte Schülerin, sie macht gute Fortschritte im Schreiben und Lesen. Aber bald gibt es Schwierigkeiten. Die Eltern der anderen Kinder verlangen, dass das Kind aus dem Bordell von der Schule genommen wird. Sie können es ihren Sprösslingen nicht zumuten, mit einem Kind aus einem solchen Milieu die Klasse zu teilen. Unter diesen Umständen sieht sich Louis Gassion, der längst sein Wanderleben wieder aufgenommen hat und mit seinem Wohnwagen in Nordfrankreich und Belgien von einer Stadt zur anderen zieht, gezwungen, die Tochter zu sich zu nehmen.

Für die kleine, acht Jahre alte Edith beginnt ein neuer Lebensabschnitt. Der Vater agiert als Straßenakrobat. Er breitet auf dem Gehsteig ein Stück Teppich auf und beginnt mit seiner „Vorführung": Er schlägt ein Rad, macht einen Kopfstand, vollführt im Großen und Ganzen einfache Kunststücke ohne großes Risiko. Die schlecht aussehende und in Lumpen gehüllte Tochter sammelt unterdessen von den Zuschauern, die der Artist angelockt hat, freiwillige Spenden ein. Das reicht zumeist für eine Mahlzeit. Wenn genug zusammenkommt, übernachten Vater und Tochter in einem billigen Hotelzimmer. Gelegentlich gesellt sich eine „Tante" dazu. Louis Gassion scheut sich nicht, eine weibliche Zufallsbekanntschaft in das Bett zu nehmen. Wenn er länger in einer Stadt verweilt, schickt er Edith für eine paar Tage in die Schule (damals war das offenbar möglich). So lernt das Kind neben dem ABC und den Grundrechnungsarten auch kennen, was Erwachsene des Nachts so miteinander spielen.

Der Vater ist unberechenbar. Er kann liebevoll und zärtlich sein, aber auch streng und gefühllos, und wenn das Temperament mit ihm durchgeht, schreckt er auch vor Schlägen nicht zurück. Er setzt Edith mitleidlos für alle möglichen Tätigkeiten ein. Sie muss auf einen kleinen Affen aufpassen, im Zirkus, unter einem zugedeckten Tisch sitzend, eine Sprechpuppe imitieren, das Hammelragout umrühren, wenn sie selbst kochen, und notfalls auch betteln.

Jahrelang geht das so. Edith hat sich längst an das Vagabundenleben gewöhnt. Sie ist heimatlos und sehnt sich nach Zärtlichkeit, obwohl sie den Vater gern hat und sogar zu ihm aufblickt. Nach Liebe wird sie sich zeitlebens sehnen.

Eines rauen Wintermorgens fühlt sich Louis Gassion hundeelend. Er ist krank. Vater und Tochter leben in einem schmutzigen, ungeheizten Zimmer. Sie stehen knapp vor dem Hinauswurf, da der Vater seit längerem die Miete nicht bezahlt hat. Er hat keinen Centime in der Tasche. Es gibt nichts zu essen. Was tun? In ihrer Verzweiflung läuft die zehnjährige Edith auf die Straße. Sie will wenigstens Geld für ein Frühstück erbetteln. Plötzlich besinnt sie sich eines anderen und beginnt die Marseillaise zu singen, das einzige Lied, das sie kennt. Sie erregt damit Aufsehen und Mitleid. Passanten bleiben stehen, drücken dem frierenden Mädchen Geldstücke in die Hand. Als Edith nach etwa einer Stunde in das Zimmer zurückkehrt, hat sie mehr kassiert als gemeinsam mit dem Vater in einer Woche. Der Vater ist bass vor Erstaunen. Er ahnt nicht, dass Edith die erste Talentprobe ihrer angeborenen außergewöhnlichen Musikalität abgelegt hat.

Das Leben geht weiter, und es ist, wie in zahlreichen

anderen Staaten Europas, auch im Frankreich der Nachkriegsjahre hart. Der Krieg hat das Land wirtschaftlich ausgeblutet. Die Lebensmittelpreise steigen konstant, die Arbeitslosigkeit ist hoch, Millionen Menschen vegetieren am Rande des Existenzminimums dahin. Louis Gassion zählt dazu. Er nimmt das Dasein allerdings auf die leichte Schulter. Wenn er etwas Geld hat, gibt er es mit offenen Händen aus, betrinkt sich in Spelunken und ist am nächsten Tag in einer unausstehlichen Katerstimmung.

Die Tochter erträgt seine Launen stumm und schicksalsergeben, zieht mit ihm weiter durch die Straßen, trägt das Ihre zum Lebensunterhalt bei. Es bleibt ihr gar nichts anderes übrig. Sie ist ohne Schul- und Berufsausbildung, auf die eigenen Beine kann sie sich nicht stellen. Noch nicht.

Das Vagabundenleben geht dem Vater mit zunehmenden Jahren offenbar auf die Nerven. Er sucht in Nancy per Inserat in einem Lokalblatt eine Gefährtin. Prompt meldet sich jemand. Ein Rendezvous wird vereinbart, man findet aneinander Gefallen. Bereits am nächsten Tag bricht man zu dritt nach Paris auf und mietet sich in einem kleinen Hotel in der Rue de Belleville Nr. 115 ein.

Für Edith, die in der Pubertät steckt, ist es eine neue Erfahrung. Georgette L'Hôte, wie die Partnerin des Vaters heißt, ist sieben Jahre älter als sie, wird bald schwanger und bringt ein Kind zur Welt. Der Familienzuwachs schafft eine neue Situation. Edith ist nicht mehr der Beziehungsmittelpunkt des Vaters. Sie fühlt sich an den Rand gedrängt. Mit der „Stiefmutter", von der sie bevormundet wird, kommt sie nur schwer zurecht. Das bedrückt sie. Sie will ihr Leben selbst gestalten. Rasch entschlossen und ohne viel Aufhebens verlässt sie den Vater.

Edith Gassion ist jetzt fünfzehn Jahre alt. Sie ist ein unscheinbares Mädchen, uncharmant, ein wenig linkisch, zart und klein. Sie misst nur 1,47 Meter wie der Vater und sie wird nicht mehr wachsen. Sie wird sich damit abfinden müssen und dieses körperliche Defizit durch ihre wunderbare Stimme mehr als kompensieren. Von ihrer großen Karriere ist sie allerdings noch meilenweit entfernt. Sie träumt nicht einmal davon. Sie weiß selbst noch nicht, was in ihr steckt.

Ein 15-jähriges Mädchen aus der Unterschicht, das sich zu Beginn der 30er Jahre des vorigen Jahrhunderts in einer europäischen Großstadt auf die eigenen Beine stellte, konnte sich glücklich schätzen, wenn es irgendeine Arbeit und irgendwo Unterschlupf fand. Edith Piaf sagte einmal rückblickend, sie habe einige Monate in einer Fabrik gearbeitet, die Armeestiefel herstellte. Sie habe dann den Job aufgegeben, weil sie unabhängig und frei sein wollte. Einer geregelten Arbeit nachzugehen, an eine Arbeitsstätte gebunden zu sein, war für sie unvorstellbar. Und das blieb ihr ganzes Leben lang so.

Um diese Zeit begegnete ihr ein etwa gleichaltriges Mädchen, das wie sie von einem unbändigen Freiheitsdrang beseelt war. Es hieß Simone Berteaut, wurde von Edith „Momone" genannt und behauptete, ihre Halbschwester zu sein, was ihr nicht einmal ihre Familie abnahm.

Die beiden Mädchen beschließen, gemeinsam ihren Lebensunterhalt zu verdienen. Statt mit dem Vater zieht Edith Gassion jetzt mit ihrer Freundin durch die Vorortestraßen von Paris. Sie singt populäre Chansons und Momone tut das, was Edith zuvor getan hat: Sie geht mit ihrer abgetragenen Baskenmütze von einem Zuhörer zum anderen und bittet um eine kleine Spende. Mit Ohrwürmern wie „Fiancée du Démon" (Satansbraut) zieht Edith so viel Aufmerksamkeit auf sich, dass es einmal sogar zu einer größeren Menschenansammlung kommt. Die Polizei schreitet ein, die Mädchen müssen Strafe zahlen. Ein Freund verschafft den beiden Auftritte in den Kasernen, wo sie zwar ein dankbares Publikum, aber nur geringe Einnahmen haben.

Das Geld, das sie sich ersingen und erbetteln, reicht oft nicht zur Anschaffung des Allernotwendigsten. Sie leben von der Hand in den Mund, hungern, frieren, übernachten in abgewohnten Häusern und Kellern, dann und wann sogar in einer Mülltonne. Da sie nicht offiziell als Bettler registriert sind, müssen sie sich vor der Polizei hüten, werden festgenommen und wieder freigelassen. Wenn das Geld reicht, leisten sie sich ein üppiges Mittagessen und Edith zündet beim Vorbeikommen an einer Kirche eine Kerze für die hl. Therese an. Sie ist von einer naiven Frömmigkeit, an der sie lebenslang festhält. Schicksalsschläge können ihr nichts anhaben.

In diesen trüben, trostlosen Jahren als Straßensängerin erweitert sie ihr Repertoire, ihre Stimme wird reifer und ausdrucksstärker. Und was das Erstaunlichste ist: die kleine, verwahrloste, ordinäre Edith Gassion, die ihre schmutzigen Kleidungsstücke wegwirft und sich billige neu kauft – für das Wäschewaschen hat sie keine Zeit –, glaubt an sich und an eine Zukunft als große Sängerin.

Im Frühjahr 1932 begegnet sie einem Mann, in den sie sich verliebt. Er ist nicht ihr erster Sexualpartner, aber ihre erste ernsthafte Liebe. Zahllose andere werden folgen. Die berühmte Chansonette schreibt in ihrer Autobiografie, sie habe immer fieberhaft die große, wahre Liebe gesucht: „Vielleicht hatte ich in meinem Leben deshalb so viele Männer, weil ich mich nie mit der Lüge und Mittelmäßigkeit der meisten meiner Abenteuer abfinden wollte."

Er ist groß, blond, hübsch und etwas älter als sie, von Beruf Maurer, aber ohne Arbeit. Sein Name: Louis Dupont. Sie nennt ihn P'tit Louis, den kleinen Louis. Warum eigentlich?

Die Jungverliebten mieten ein kleines, möbliertes Zimmer in einem schmutzigen Vorstadtwirtshaus für 35 Francs die Woche. Das ist nicht wenig. Edith betätigt sich weiter als Straßensängerin, während Louis den fehlenden Hausrat, Besteck, Töpfe, Teller usw. aus Geschäften zusammenstiehlt. Wenn die Einkünfte reichen, nehmen sie in irgendeinem billigen Lokal ein karges Mittagmahl ein, an ausgesprochenen Nottagen versucht Edith zu kochen. Sie bringt nicht viel auf den Tisch, sie ist alles andere als eine Hausfrau. Am Wochenende leistet sich das Paar einen Kinobesuch. Es ist Stummfilmzeit. Die klein gewachsene Sängerin schwärmt für Charlie Chaplin, den großen Leinwandstar dieser Zeit. Seine groteske Kunst der Parodie und seine mimische Ausdruckskraft beeindrucken sie. Sie wird dem berühmten Filmkomiker später in Hollywood begegnen. Aber bis dahin vergeht noch viel Zeit.

Trotz des armseligen Lebens, das sie führen, sind Edith und Louis glücklich. Jeder ist seines Glückes Schmied. Auch und schon gar ein Liebespaar. Edith wird schwanger. Es gibt die ersten Meinungsverschiedenheiten. Als das Bäuchlein wächst, verbietet Louis seiner Geliebten, auf der Straße zu singen. Aber wovon sollen sie leben? Edith fügt sich – zähneknirschend. Sie verrichtet Gelegenheitsarbeiten in verschiedenen Fabriken.

Am 11. Februar 1933 schenkt sie im Hôpital Tenon in der Rue de la Chine, wo sie selbst vor etwas mehr als siebzehn Jahren zur Welt gekommen ist, einem Mädchen das Leben. Es wird auf den Namen Marcelle getauft.

Auf Familienzuwachs ist das junge Paar weder finanziell noch geistig vorbereitet. Ediths Fabrikskolleginnen kratzen das Geld für eine Babyausstattung zusammen, die Mutter ist hilflos. Sie weiß nicht, wie man ein kleines Kind anfasst, wickelt, betreut. Baden ist für sie ohnehin ein Luxus. Die Windeln wirft sie einfach weg, wenn sie schmutzig sind, und besorgt auf irgendeine Weise frische. Auch der Vater hat von Kinderbetreuung keine Ahnung. Als er den Versuch unternimmt, Edith auf ihre Haushaltspflichten festzulegen, erleidet er Schiffbruch. Edith braucht Freiheit und Unabhängigkeit, das Leben in einem kleinen, stickigen Raum erträgt sie nicht. Sie fühlt sich gefangen und eingesperrt. Es dauert nicht lange und sie kehrt wieder auf die Straße zurück. Die Pflege ihres Kindes überlässt sie dem ungeschickten Vater, der ihr mit seiner kleinbürgerlichen Moral bald gründlich auf die Nerven geht. Sie sucht einen anderen Mann, den sie rasch findet. Mit ihren Worten hört sich das so an: „Ich spürte verworren, dass mir irgendetwas fehlte, und zwar das, was ich zeit meines Lebens unermüdlich gesucht habe: die beschützende Gewalt eines Mannes, eines richtigen Mannes." Nach diesem Strickmuster laufen Edith Piafs Liebesbeziehungen ab. Sie sucht einen Beschützer, glaubt einen gefunden zu haben, blickt zu ihm auf, verwöhnt und vergöttert ihn. Aber der „richtige Mann" entspricht dann doch nicht ihren Anforderungen, die sie mit zunehmendem Ruhm natürlich immer höher schraubt.

Jetzt, im Anfangsstadium ihres hemmungslosen Liebeslebens, ist es ein Fremdenlegionär, in den sie sich verliebt. Für Uniformierte hat die Piaf immer viel übrig gehabt. Kurzerhand verlässt sie Louis und zieht mit dem Kind zu ihrem neuen Liebhaber. Aber Monsieur Dupont lässt sich nicht so leicht abschütteln. Er spioniert ihr nach und spürt sie eines Tages auch auf.

Nach einer heftigen Szene kehrt sie zu ihm zurück. Für ein trautes Familienleben ist Edith natürlich weiterhin nicht zu haben. Sie hat als Kind keines gehabt und sie wird nie eines haben, nicht haben wollen. Schon singt sie auf der Straße wieder ihre Lieder und langsam gelingt es ihr sogar, zum Zentrum des Pariser Vergnügungslebens vorzudringen: sie singt um kleine Gagen in anrüchigen Lokalen auf dem Montmartre und auf der Place Pigalle, die von Drogensüchtigen, Huren und Zuhältern bevölkert werden. Prompt verfängt sie sich im Rotlichtmilieu und droht vollends in das gesellschaftliche Abseits zu schlittern. Sie verliebt sich in einen Zuhälter, der sie zur Prostitution zwingen will. Sie widersetzt sich. Es kommt zwischen den beiden zu heftigen Szenen, er schlägt sie, sie beißt ihn und traktiert ihn mit Fußtritten. Albert – so der Name des Ganoven – knöpft ihr einen Teil ihrer Einkünfte ab. Er ist der erste einer Reihe von Männern, die ihre Liebe missbrauchen, ihre grenzenlose Großzügigkeit ausnutzen, sie finanziell ausbluten. Edith Piaf liefert sich der Liebe aus. „Wenn man liebt, ist man wehrlos", gesteht sie sich selbst einmal ein. Aber wenn sie sich betrogen fühlt, weiß sie sich, zumindest in späteren Jahren, zu wehren. Dann bricht sie eine Beziehung unvermittelt und schonungslos ab.

Es dauert einige Zeit, ehe die kleine Chansonette die

Kraft aufbringt, sich aus den Fängen Alberts zu befreien. Kümmert sie sich eigentlich noch um das Kind, das sie zur Welt gebracht hat?

Kaum. Sie hat es der Obhut des Vaters überlassen, der es seiner Mutter anvertraut. Eines Nachts, als sie aus dem Vergnügungslokal, in dem sie arbeitet, in ihr Hotel zurückkehrt, steht Louis Dupont kreidebleich vor der Zimmertür. Er überbringt ihr eine Hiobsbotschaft. Die kleine Marcelle ist mit Meningitis in ein Krankenhaus eingeliefert worden. Am nächsten Morgen eilt sie hin. Die Ärzte machen ihr wenig Hoffnung. Gegen Gehirnhautentzündung hatte die Medizin damals kein Rezept. Acht Tage später ist das Mädchen tot. Die Eltern stehen fassungslos vor der Leiche ihres Kindes. Sie trennten sich ohne ein Wort und sie ging zur Place Pigalle zurück.

Die Eltern haben nicht einmal das Geld für das Begräbnis. Die Animierdamen in dem Lokal, in dem die Chansonette arbeitet, organisieren eine Sammlung. Sie bringen die nötige Geldsumme nicht ganz zusammen. Es fehlen noch zehn Francs, die Edith selbst aufbringen muss. Sie verdiente den fehlenden Betrag angeblich in einem Stundenhotel. Ein Gast gab ihn ihr, ohne sie zu berühren, als sie ihm, in Tränen aufgelöst, ihre Situation schilderte. Es ist eine von den zahlreichen Piaf-Storys, die man glauben mag – oder auch nicht.

Der Tod ihres Kindes ging ihr zu Herzen. Edith Gassion, wie sie noch immer heißt, ist an einem entscheidenden Wende- und Tiefpunkt ihres Lebens angelangt.

September 1935: Edith und Simone wickeln, gut aufeinander abgestimmt, ihr alltägliches Programm ab. Jetzt allerdings nicht mehr in den Armenvierteln von Paris, sondern in den breiten Avenuen in der Nähe der Place de l'Étoile, wo die Häuser und Paläste der Vornehmen stehen. Die Zeiten sind nicht rosig und dort ist noch etwas zu holen.

Eines Nachmittags kommt ein elegant gekleideter, älterer Herr an ihnen vorbei. Er bleibt stehen und hört sichtlich interessiert zu. Edith, blass und ungepflegt, singt gerade, wie sie sich selbst erinnert, „Comme un moineau", ein altes, heiteres Chanson über einen Spatzen, der sein Leben erzählt. Als sie damit fertig ist, tritt er ein paar Schritte näher und sagt: „Wenn du in dieser Lautstärke weiter machst, wirst du deine Stimme ruinieren." „Was soll ich sonst tun?", fragt die kleine Chanteuse. „Komm morgen um 16.00 Uhr in das Gerny. Ich heiße Louis Leplée und führe den Laden", antwortet der Herr freundlich, steckt ihr die Adresse und einen Fünf-Franc-Schein zu und geht weiter seines Weges. Das zufällige Zusammentreffen mit ihm sollte für Edith von schicksalhafter Bedeutung sein.

Louis Leplée ist selber einmal Entertainer gewesen. Er kennt das Showbusiness und versteht etwas von Stimmen und Sängern. Er hat auf dem Montmartre und der Place Pigalle Kabaretts geleitet und dann in einem eleganteren Stadtviertel, in der Rue Pierre Charron, das Gerny eröffnet, das um diese Zeit zu den bekanntesten und exquisitesten Kleinkunstbühnen von Paris zählte. Jeden Abend fand sich dort die High Society zum Diner ein und vergnügte sich bei einem hoch stehenden, abwechslungsreichen Kabarettprogramm.

Edith kennt das Etablissement nur vom Hörensagen, sie kommt aus und bewegt sich in einem völlig anderen Milieu. Sie ist unschlüssig. Soll sie das Angebot des fremden, of-

Edith Piaf, damals hieß sie noch Edith Gassion, als junges Mädchen. Bald ist sie „der Spatz von Paris".

fenbar sehr wohlhabenden Herrn annehmen? Ist es ernst gemeint? Nach längerer Überlegung entschließt sie sich dazu.

Am nächsten Tag macht sie sich zur angegebenen Adresse auf den Weg. Leplée erwartet sie bereits. Sie hat sich um eine Stunde verspätet. Seltsamerweise macht es ihm nichts aus. Leplée stellt sie einem Pianisten vor und ersucht sie, ihm ein paar Lieder vorzusingen. Mit Klavierbegleitung fällt das Edith nicht leicht, denn sie ist an eine Gitarre gewöhnt. Aber die beiden Herren erkennen bereits nach den ersten Chansons, dass dieses unattraktive, klein gewachsene Ding zwar eine unausgebildete, jedoch außergewöhnliche Stimme hat.

Er werde sie engagieren, sagt Leplée am Ende der Darbietung, aber vorher müsse sie in den nächsten Tagen ein paar Chansons mit einem Pianisten einüben. Und schließlich fragt er sie nach ihrem Namen. Edith Gassion? Nein, dieser Name sei für eine Sängerin vollkommen ungeeignet. Leplée legt seine Stirn in Falten und denkt nach. Denken ist zwar nicht seine Stärke, aber dann hat der homosexuelle Kabarettbesitzer einen Geistesblitz. Hat sie nicht gestern das Chanson „Comme un moineau" gesungen? „Moineau, der Spatz, heißt im Pariser Slang Le Piaf", sagt er. „Und du siehst ja auch wie ein Spatz aus. Ich werde dich meinem Publikum als La môme Piaf vorstellen." Edith Piaf wird sie sich erst später nennen.

Ediths Auftritt im Gerny ist für das nächste Wochenende geplant. Zum ersten Mal in ihrem Leben ist sie aus dem Häuschen. Die Chansons bereiten ihr nicht die geringsten Probleme. Sie ist musikalisch genial begabt. Sie kann zwar keine Noten lesen, aber wenn sie ein neues Lied dreimal hört, kann sie es perfekt nachsingen. Aber wie soll sie sich für die Premiere kleiden? Sie hat nur einen schwarzen Rock. Glücklicherweise mit Taschen, in die sie die Hände stecken kann. Mit ihren Händen wusste sie nämlich nie etwas anzufangen. Mit geborgtem Geld kauft sie schwarze Wolle und strickt einen Pullover, der jedoch bis zu ihrem

Auftritt nur mit einem Ärmel fertig wird. Eine weitere Legende? Wahrscheinlich. Aber das ist jedenfalls gewiss: Die berühmte Edith Piaf tritt fast nur in einem schwarzen Kleid auf (zunächst mit einem kleinen weißen Spitzenkragen) und entwickelt eine Strickmanie. Für jeden ihrer Liebhaber und Ehegatten (zwei an der Zahl) beginnt sie etwas zu stricken und wird nie damit fertig. Leplée, der vor ihrem ersten Auftritt eifrig die Reklametrommel gerührt hat, stellt die Neue dem Publikum persönlich vor, schildert in allen Einzelheiten, wie er dieses Pariser Straßenkind kennen gelernt und engagiert hat. Die Leute sind eingestimmt, warten gespannt auf die Sängerin. Edith betritt die Bühne, die Scheinwerfer sind auf sie gerichtet. Sie ist ungeschminkt und wirkt ein wenig verlegen. Im Raum herrscht eisige Stille. Dann schlägt der Pianist die ersten Akkorde an, die Kleine beginnt, ihre Hände auf die Hüften gestützt, mit kraftvoller Stimme zu singen. Das vornehme Publikum verhält sich reserviert. An einem Chanson, das die Sorgen der armen Leute thematisiert, ist es nicht sonderlich interessiert. Nach der Schlusszeile des Liedes verharrt es zunächst in Schweigen. Dann aber bricht ein stürmischer Applaus los, die Sängerin wird bejubelt. Maurice Chevalier, der sich, so wird berichtet, unter den Zuhörern befindet, spricht ihr, für alle hörbar, seine Anerkennung aus. Edith Piaf hat die Feuerprobe bestanden. Am Himmel des französischen Chansons ist ein neuer Stern aufgegangen.

Ediths Erfolg spricht sich herum. Das Gerny ist jeden Abend ausverkauft. Bewunderer drängen sich an sie heran, buhlen um ihre Gunst, geben ihr Ratschläge oder versuchen es zumindest. Nicht alle meinen es ernst und uneigennützig. Einer der wenigen, der sich mit ihr anfreundet und ihr mit absolut lauteren Absichten entgegenkommt, ist der Dichter Jacques Bourgeat.

Bourgeat sieht, wie unkultiviert die kleine Sängerin ist. Er beschließt, ihr ein bisschen Bildung beizubringen, liest ihr aus den Werken der großen französischen Schriftsteller vor, hört mit ihr klassische Musik, unternimmt mit ihr ein paar Reisen. Sie ist ihm dafür sehr dankbar. Sie habe sich entschlossen, schreiben zu lernen und keine Fehler mehr zu machen, teilt sie ihm von einer Tournee mit. Und sie hoffe, er werde ihr „Lektionen" geben, sie würde sie auch mit Freuden erledigen, und außerdem werde sie zum Zahnarzt und zur Gymnastik gehen. So sehr habe sich sein „kleiner Vogel" gewandelt. Diesem geistigen Mentor, der um viele Jahre älter ist als sie, bleibt sie bis an ihr Lebensende in enger Freundschaft verbunden. Einer ihrer Bewunderer ebnet ihr den Weg zu einer Plattenfirma, ein anderer gibt ihr die Chance, eine Rundfunksendung zu machen. Mit dem Chanson „Maintenant que tout est fini" (Jetzt, da alles vorüber ist) begeistert sie die Zuhörer. Die Stimme der Piaf hat den Äther erobert.

Ihr beginnender Höhenflug findet Anfang April 1936 ein jähes Ende. Als Edith eines Morgens nach einer durchzechten Nacht bei Leplée anruft, fordert sie eine fremde Stimme auf, sofort in sein Appartement in der Avenue de la Grande Armée zu kommen. Dort wird sie von einer Hiobsbotschaft erschüttert. Leplée, ihr Beschützer und väterlicher Freund, ist ermordet worden. Sie wird auf der Stelle verhaftet. Man vermutet den oder die Täter in der Pariser Unterwelt, in einem Kreis, in dem sie noch immer verkehrt. Man erhofft sich von ihr Hinweise. Auch sie selbst gerät in Verdacht, die Tat begangen zu haben. Da sie ihre Unschuld beweisen kann, wird sie bald wieder aus der Haft entlassen.

Der Mord wird von der Presse aufgegriffen und medial ausgeschlachtet. Eine Zeitung titelt: „Die Piaf bringt Unglück." Beim Begräbnis von Leplée, an dem sie tief bewegt teilnimmt, ruft man ihr aus der Zuschauermenge zu: „Dein Beschützer ist tot! Jetzt heißt es wieder auf der Straße singen." Viele der Freunde, die um ihre Gunst gebuhlt und sie zuvor umschwärmt haben, wenden sich von ihr ab. Niemand will sie mehr engagieren. Nach dem Blitzstart im Gerny scheint das Ende ihrer Karriere gekommen zu sein. Sie tritt in Vorstadtkinos in den Pausen zwischen den Filmen auf, wird ausgepfiffen, versucht ihr Glück außerhalb von Paris, nicht ganz erfolglos, aber ohne Nachhaltigkeit. Enttäuscht, schüchtern und verängstigt kehrt sie in die Hauptstadt zurück. Sie muss wieder von vorne anfangen. Wieder findet sie einen Mann, der ihr auf die Beine hilft. Er ist Texter und heißt Raymond Asso.

Raymond Asso lenkte Ediths Leben in eine andere Bahn, machte aus ihr einen Star. Die Piaf verdankt ihre große Karriere vor allem ihm. Er schrieb ihr die Chansons auf den Leib, beriet sie künstlerisch, schloss die Verträge für sie ab und verschaffte ihr die Bühnenauftritte, die sie auch in den vornehmeren Pariser Gesellschaftskreisen bekannt machten. Das war natürlich keine leichte Aufgabe. Aber der ehemalige Fremdenlegionär, ein großer, hagerer Mann mit einer Nase wie Cyrano de Bergerac, modelte sie nach seinen Vorstellungen um. Und das kleine, eigenwillige Geschöpf ließ es geschehen. „Ich habe sie drei Jahre in meiner Obhut gehabt und sie ist mir gefolgt wie ein kleiner Hund", meinte er einmal rückblickend. „Ich brachte ihr alles bei, Gesten, Modulation, sagte ihr, wie sie sich anziehen sollte. Aber sie trieb weiter Unfug und verkehrte mit unmöglichen Leuten. Ich sperrte sie ein. Ich folgte ihr Schritt auf Tritt. Ich wollte nicht, dass sie Fehler machte. Ich verlangte von ihr nur eins – harte Arbeit." Raymond zwang sie, ihre Beziehungen zur Halb- und Unterwelt abzubrechen und sich von ihrer (Intim-)Freundin Momone zu trennen. Es gelang ihm sogar, ihren Alkoholkonsum einzuschränken, allerdings nur vorübergehend.

Sie nannte ihn „mon poète". Das klingt romantisch. Aber das Zusammenleben des haltlosen, rebellischen Temperamentbündels und ihres Poeten, der auch ihr Liebhaber war und versuchte, sie zu zähmen, war alles andere als eine Romanze. Es gab Streitigkeiten sonder Zahl, die nicht selten in Schlägereien ausarteten.

Künstlerisch machte die Piaf unter Raymonds Fittichen jedenfalls enorme Fortschritte. Sie erweiterte ihr Repertoire beträchtlich, ihr Stimmpotenzial wuchs, ihr Auftreten gewann an Selbstsicherheit. 1937 bezog Raymond Asso mit seiner Geliebten das Hotel Alsina in der Avenue Junot, wo Edith zum ersten Mal in ihrem Leben die Atmosphäre eines vornehmen Hauses kennen lernte. Im März dieses Jahres sang sie – und auch das war ein Novum für sie – in einer Music-Hall. Das Publikum war begeistert, sie feierte einen ungeheuren Triumph. Im November trat sie im A.B.C., dem renommiertesten Kabarett in Paris, auf und gewann mit ihrer wunderbaren, mächtigen Stimme, ihrer natürlichen Unbekümmertheit und ihren schlichten Gesten mit Chansons wie „Paris Méditerranée" und „Un jeu-

ne homme chantait", „Ding, Din, Don" die Herzen der Zuhörer. Sie stammten ausschließlich von Raymond Asso.

Man riss sich um sie, ihre Platten verkauften sich gut,
sie spielte kleine Rollen in Filmen, die heute freilich längst
vergessen sind.

Das Verhältnis zu Raymond kühlte ab. Als er 1939 zur
französischen Armee eingezogen wurde, hatte sie schon
wieder einen neuen Liebhaber. Die liebestolle Edith Piaf
ließ den Mann, dem sie so viel verdankte, der sie gesell-
schaftsfähig und zum Star gemacht hatte, wie eine heiße
Kartoffel fallen. Da hilft auch späte Reue nichts. „Er lehrte mich, wie man ein Mensch wird. Drei Jahre brauchte
er, um mich zu heilen, drei Jahre geduldiger, zärtlicher Liebe, um mir beizubringen, dass es eine andere Welt gibt als
die der Huren und Schweinehunde", schreibt sie in ihrer
Autobiografie, um dann die Entschuldigung anzufügen, sie
sei nur deshalb von einem Liebhaber zum anderen getau-
melt, weil sie auf der Suche nach der großen Liebe war, die
ihr Leben verwandeln würde. Die große Liebe, von der die
Piaf träumte, fand sie nie.

Am 1. September 1939 löste Adolf Hitler mit dem Polen-
feldzug den Zweiten Weltkrieg aus. In Frankreich ging das
kulturelle Leben wie gewohnt weiter. Edith Piaf, die sich
um Politik nicht kümmerte, legte sich einen neuen Liebhaber zu. Er hieß Paul Meurisse, war der Sohn eines Bank-
direktors und sah gut aus. Paul benahm sich wie ein Gent-
leman und behandelte sie wie eine Dame. Gleichwohl ar-
tete auch diese Beziehung, die etwas mehr als zwei Jahre
währte, in das übliche Szenario aus. Edith schlug im gemeinsamen Appartement, das Meurisse in einem vorneh-

men Pariser Wohnviertel mietete, alles krumm und klein, wenn sie sich über das unerschütterliche Phlegma ihres Geliebten ärgerte. Bis schließlich auch er die Geduld verlor und sie tüchtig verprügelte. Die Piaf verlangte offenbar danach.

In der Zeit ihrer Bekanntschaft mit Paul Meurisse lernte die Sängerin den Dichter Jean Cocteau kennen, der von ihr stante pede begeistert war. „Madame Piaf ist ein Genie. Sie ist unnachahmlich. Es hat nie vorher eine Edith Piaf gegeben, und es wird nie wieder eine geben", charakterisierte er sie. Cocteau schrieb einen Einakter mit dem Titel „Le bel indifférent" (Der schöne Teilnahmslose), bei dem ihm die kurze Beziehung als Vorbild diente. Edith Piaf versuchte sich als Schauspielerin und machte gute Figur. Sie wurde vom Theaterpublikum begeistert akklamiert.

Unterdessen hatte der Krieg auch Frankreich erreicht. Am 14. Juni 1940 zog die deutsche Armee in Paris ein. Die Piaf ging in den von den Deutschen nicht besetzten Süden des Landes auf Tournee und kehrte dann in die Hauptstadt zurück, wo sie sich in einem eleganten Bordell einquartierte. Sie mietete mit ihrer Sekretärin Andrée Bigard einige Zimmer im dritten Stock und fühlte sich pudelwohl. Auch in diesem Domizil behielt sie ihren Lebensrhythmus bei. Sie arbeitete und zechte bei Nacht und schlief dann weit in den Tag hinein. Nicht selten kam es vor, dass sie zwischen zwei und drei Uhr morgens ihren Pianisten und Akkordeonspieler zur Probenarbeit herbeizitierte. Die Mieter der Nachbarhäuser, die sich in ihrer Nachtruhe gestört fühlten, riefen die Polizei. Als man sie darüber informierte, wer den Lärm verursachte, nahmen sie von einer Anzeige Abstand. Es kam zu keiner Amtshandlung. Selbst die deutsche Militärbehörde, die ganz in der Nähe stationiert war, schritt nicht ein. Der Ruf Edith Piafs hatte sich bereits bis zu ihr durchgesprochen.

Edith hieß in der Rue de Villejust Nr. 3 ihren arbeitslosen Vater willkommen, der sie wöchentlich besuchte, und traf des Öfteren bekannte Bühnenpersönlichkeiten, die sich dort zum Abendessen zusammenfanden. Die Bordellbesitzerin, eine Madame Billy, zeigte für die Extravaganzen und Exzesse der Piaf großes Verständnis und schwärmte von den wunderbaren Abenden, die sie mit ihr verbrachte „Sie gab alles, woran ihr Herz so reich war", erinnerte sie sich später einmal. „Wenn sie Freude schenken konnte, war sie glücklich. Edith wollte immer nur für die anderen da sein, wollte sie bezaubern. Das brauchte sie."

Mit der deutschen Besatzungsmacht kam Edith Piaf auf ihre Weise zurecht. Sie sang keine Lieder mit politischen Texten, ihre Chansons unterlagen aber der deutschen Zensur. Patriotischen Kundgebungen und Gefühlen verschloss sie sich allerdings nicht. Sie stimmte daher sogleich zu, als man ihr anbot, eine Tournee durch die französischen Kriegsgefangenen- und Arbeitslager zu machen. Ihre Auftritte wurden begeistert aufgenommen. Sie waren ein Lichtblick im trüben Kriegsalltag. Selbst das militärische Aufsichtspersonal zollte ihr Bewunderung. Gastfreundschaft seitens des Regimes dürfte ihr nicht entgegengebracht worden sein. Als sie sich über die ungeheizten Hotelzimmer und die schlechte Bedienung in den Restaurants beschwerte, wurde sie zu Josef Goebbels befohlen. Der mächtige Propagandaminister war dann aber unabkömmlich, da er zu Hitler gerufen wurde. Die charismatische Sängerin wurde stattdessen von einem General empfangen, der sie in Paris singen gehört hatte und sie verehrte. Er stellte die Missstände unverzüglich ab.

Bei ihren Auftritten statteten Edith und ihre Sekretärin, die in der Résistance tätig war, zahlreiche Gefangene mit falschen Papieren aus und verhalfen ihnen unter dem Vorwand, sie seien Musiker des Orchesters, die mit ihnen im Lager auftraten, zur Flucht. Dieses gefährliche Manöver, das durch Aussagen der Betroffenen verbürgt ist, konnte nur gelingen, weil das Wachpersonal und die deutschen Behörden der Piaf volles Vertrauen schenkten. Sie verzichteten darauf, die Personen zu zählen, die sie auf ihren Tourneen begleiteten. Auf diese Weise half die Chansonette mehr als zweihundert Kriegsgefangenen, dem bedrückenden Lagerleben zu entfliehen.

Übrigens: Edith Piaf lehnte es ab, in Munitionsfabriken und anderen Kriegsbetrieben zu singen.

Am 3. März 1944 starb Ediths Vater im Alter von 62 Jahren. Die Tochter hatte ihm in seinen letzten Jahren durch die Beistellung eines Dieners das Leben erleichtert. An seinem Begräbnis in der Familiengruft auf dem Friedhof Père Lachaise nahm mit ihr die gesamte Verwandtschaft teil. Edith hat das väterliche Grab später regelmäßig besucht. Der Tod der Mutter, die im Jahr darauf starb, ließ sie völlig ungerührt. Zu tief hatte sich die Kindheitserinnerung in ihr Herz gegraben, dass sie die Mutter wie ein Paket weggelegt hatte.

Edith Piaf trat in verschiedenen Etablissements auf, ihre Schallplatten verkauften sich wie warme Semmeln, sie fand in der Person von Henri Contet einen tüchtigen Impresario, sie schrieb eigene Chansons und verdiente Millionen, die allerdings in ihren Händen dahinschmolzen wie

Schnee in der Frühlingssonne. In diesen Tagen, im August 1944, zog General Charles de Gaulle an der Spitze der französischen Armee in Paris ein. Die Besatzungszeit war zu Ende.

Edith Piaf und Yves Montand in dem Film „Chanson der Liebe". Nicht nur auf der Bühne waren die beiden ein Paar.

Das Leben der Piaf ging so bunt wie bisher weiter. Die nächste Person, die in ihrer Männersammlung Aufnahme fand, hieß Yves Montand und war italienischer Abstammung. Die Familie war vor Ausbruch des Zweiten Weltkrieges nach Frankreich gekommen und hatte sich in Marseille niedergelassen. Yves war zunächst in verschiedenen Berufen tätig und versuchte sich dann nicht ohne Erfolg in der Schlagerbranche. Er war eine musikalische Naturbegabung. Im Februar 1944 kam er nach Paris und trat unter anderem im A.B.C. und im Moulin Rouge auf, wo sich sein Lebensweg mit jenem der Piaf kreuzte. Edith erkannte sein Talent, hielt seine Stimme jedoch für ungeschliffen und sein Auftreten für provinziell. Kurzerhand nahm sie ihn unter ihre Fittiche mit dem Ziel, aus ihm einen Star zu machen. Sie zwang ihren Liebhaber unter ihren tyrannischen Willen. Montand musste stundenlang mit einem Bleistift im Mund sprechen und singen, um seine Aussprache zu verbessern, Edith änderte seine Gesten, der Geliebte musste seine bunt karierten Röcke ablegen und sein Songprogramm umstellen. Sie verschaffte ihm auch im Film „Etoile sans lumière" (Chanson der Liebe), den sie gemeinsam drehten, eine durchaus beachtliche Rolle. Yves machte sich, hatte Erfolg, gewann ein eigenständiges Profil. „Als er seine eigenen Schwingen regte", schrieb Simone Signoret, die später seine Frau wurde, „anfing, sich seine Chansons selbst auszusuchen oder die nicht mehr singen wollte, die Edith für ihn vorgesehen hatte – da verließ sie ihn." Ein typisches Piaf-Verhaltensmuster.

Das nächste „Opfer" der kleinwüchsigen Dompteuse war kein einzelner Mann, sondern eine neunköpfige Sängergruppe. Die „Compagnons de la Chanson" sangen französische Volkslieder, ehe sie die Piaf gegen ihren anfänglichen Widerstand dazu überredete, ihr Repertoire zu modernisieren und mit ihr das Chanson „Les trois cloches" (Die drei Glocken) einzustudieren. Es war ein durchschlagender Erfolg. Innerhalb von drei Wochen wurden in Frankreich 60.000 Platten verkauft, für die damalige Zeit ein absoluter Rekord. Sie drehte mit der Gruppe einen Film und unternahm eine Tournee, die sie in die Schweiz, nach Schweden, Portugal und Griechenland führte.

September 1947: In zahlreichen Ländern Europas sind im Gefolge des Krieges die Lebensmittel und die Brennstoffe noch knapp, als sich Edith Piaf mit den „Compagnons" in einem französischen Atlantikhafen – sie hat Angst vor dem Fliegen – nach Amerika einschifft. Nach ihrer Ankunft in New York bezieht sie eine Suite im Hotel Ambassador. Es gibt eine Welcome Party, eine Pressekonferenz. Ein Reporter fragt, wen sie in den USA gerne treffen möchte. „Einstein", erwidert sie kurz angebunden. Das Zusammentreffen kommt dann tatsächlich zustande.

Ihr erster Auftritt im „Playhouse" in der 48. Straße ist ein glatter Misserfolg. Das amerikanische Publikum hat eine mondäne französische Chanteuse mit Sex-Appeal erwartet, die wie Josephine Baker Liedchen à la „C'est si bon" singt. Stattdessen steht ein kleines, schwarz gekleidetes, ungeschminktes „Weibchen" mit zerzaustem Haar auf der Bühne, das in einer fremden Sprache schwermütige Chansons vorträgt. Vor ihrer Reise hatte sie noch selbstbewusst erklärt, sie wolle die Menschen auch dann zum Weinen bringen, wenn diese sie nicht verstünden. Aber das war eine Fehleinschätzung.

Die Enttäuschung ist groß. Einen Augenblick lang überlegt sie die Rückreise. Aber dann obsiegt ihre Kämpfernatur. Nein, sie wird nicht aufgeben. Sie wird Englisch lernen und das Publikum von ihren Qualitäten überzeugen. Gesagt, getan. Die sprachenbegabte Edith Piaf erwirbt die notwendigen Englischkenntnisse, der einflussreiche Kulturredakteur der „New York Herald Tribune", Virgil Thompson, widmet ihr einen enthusiastischen Artikel. Ihr Manager schließt mit dem „Versailles", dem elegantesten und teuersten Kabarett der Stadt in der 50. Straße, einen

Vertrag für eine Woche. Und diesmal schlägt sie voll ein, gewinnt die Herzen der Zuhörerschaft. Ihr Chanson „La vie en rose" wird mit Standing Ovations bedacht. Der Vertrag wird auf fünf Monate verlängert, ihr Honorar auf tausend Dollar die Woche hinaufgesetzt.

Die in New York anwesenden Theater- und Filmstars wie Orson Welles, Henry Fonda usw. erweisen dem „French Girl" ihre Reverenz. Auch Marlene Dietrich ist darunter. Der berühmte, glamouröse deutsche Filmstar und die kleine französische Sängerin, die jedes äußere Blendwerk ablehnt, der affektierte Staralüren zutiefst zuwider sind, schließen Freundschaft. Und diese Freundschaft währt bis zu Edith Piafs frühem Tod. Die Dietrich schenkt ihr ein goldenes Kreuz mit Smaragden, einen Talisman, den sie von nun an stets bei sich hat, fädelt ihre erste Ehe mit Jacques Pills ein und trauert um sie bei ihrem Begräbnis.

In New York verzahnt sich auch ihr Leben mit jenem von Marcel Cerdan, dem aus Algerien stammenden französischen Boxer-Idol, der zu dieser Zeit (1947/48) auf dem Höhepunkt seiner Popularität angelangt ist. Wieder eine Liebesgeschichte. Ja, aber nach ihrer eigenen Darstellung die wichtigste und folgenschwerste! Sie betete ihn an und, so sagt sie, hätte wirklich alles für ihn getan. „Marcel Cerdan veränderte mein Leben ... Ich glaubte, dass alle Männer Tiere seien ... Marcel lehrte mich wieder zu leben, durch ihn lernte ich, dass es Sanftheit, Heiterkeit und Zärtlichkeit wirklich gab."

Marcel Cerdan war keineswegs ein attraktiver Mann. Mittelgroß, von kräftiger, robuster Statur, war sein breites Gesicht von lebhaften Augen, buschigen Augenbrauen und großen, abstehenden Ohren geprägt. Marcel wird als naiv, ungebildet, einfach und bescheiden beschrieben, und das alles wird er wohl gewesen sein. Aber er war, was man nicht jedem Boxer nachsagen kann, ungeheuer hilfsbereit, voll Nächstenliebe, von großer innerer Güte und kindlichem Gemüt.

Als Edith und Marcel in New York einander kennen lernten, war er verheiratet und Vater dreier Kinder. Die Sängerin wusste das und Marcel machte ihr auch klar, dass er sich von seiner Frau und den Kindern nicht trennen werde. Man fand sich dennoch. Edith reizte es, einen Liebhaber gefunden zu haben, dem sie zu keiner Karriere verhelfen musste, denn Cerdan war regierender Europameister im Mittelgewicht und errang während ihrer Bekanntschaft den Weltmeistertitel, was sie ungeheuer freute. Seine Manager sahen es freilich nicht gerne, dass er dieses Liebesverhältnis einging. Sie bangten um seine Kampfstärke, die aber offensichtlich durch seine Liebestätigkeit nicht litt.

Edith und Marcel liebten einander leidenschaftlich, wenn sie beisammen waren. Es gab aber Wochen und Monate der Trennung. Sie sang in Paris, während er in den USA und anderswo Schläge austeilte und einsteckte.

Edith konnte es nicht lassen. Sie versuchte auch ihren Weltmeister nach ihren Vorstellungen zu (ver-)formen. Zwar war sie selbst nicht eben literaturkundig, aber es passte ihr nicht, dass er Comics las und über jeden dummen Witz schallend lachte. Nein, er sollte gute Literatur lesen. André Gide etwa, John Steinbeck und Jack London. Sie verlangte es geradezu von ihm und er tat es angeblich dann auch und fand daran Gefallen. Sie brachte ihm bei, sich chic zu kleiden, schenkte ihm moderne Anzüge, verbesserte seinen Geschmack, kaufte ihm eine goldene Uhr mit

Kette, Manschettenknöpfe, Krawattennadeln und strickte für ihn Pullover in den absonderlichsten Farben, die nie fertig wurden.

In ihrem Übermaß an Liebesglück erwarb sie in der Rue Gambetta im Bois de Boulogne ein Stadthaus, das ein Vermögen kostete. Nach vielen Jahren eines unsteten Wanderlebens wollte sie sich dort niederlassen und das geräumige Wohnzimmer als Trainingsraum für Cerdan einrichten. Das Schicksal machte einen Strich durch ihre Rechnung. Am 27. Oktober 1949 stürzte das Flugzeug, das Marcel auf ihren Wunsch von Frankreich rasch nach New York bringen sollte, über den Azoren ab. Sämtliche Insassen kamen dabei ums Leben. Die Nachricht vom Tod des Geliebten erschütterte sie zutiefst. Am Abend dieses entsetzlichen Tages trat sie trotz ihres abgrundtiefen Schmerzes im „Versailles" auf. Sie singe heute, informierte sie ihr Publikum zu Beginn des Programms, einzig und allein für Marcel Cerdan. Es war eine der persönlichsten und emotionalsten Vorstellungen, die sich je auf einer amerikanischen Kabarettbühne abgespielt haben.

An den folgenden Tagen schloss sie sich in ihrer Suite im Hotel Waldorf Astoria ein und war für niemanden zu sprechen. Am Begräbnis Cerdans in Casablanca nahm sie natürlich nicht teil. Ein paar Monate später stattete sie der Witwe und den Söhnen in der marokkanischen Hafenstadt einen Besuch ab. Die beiden Frauen wurden Freundinnen. Edith lud die Familie zu einen Gegenbesuch in ihr Haus in Paris ein, das sie einige Zeit später mit großen finanziellen Einbußen verkaufte.

Zum Andenken an ihren Liebhaber schrieb die Piaf ein

paar Texte, die von Marguerite Monnot vertont wurden. „Chanson bleue" (Das blaue Lied), das sie als ihr Lieblingschanson bezeichnete, und „Hymne à l'amour" (Hymne an die Liebe), das die Piaf-Fans besonders schätzen. Millionen Schallplatten und CDs wurden davon verkauft.

Zahlreiche Piaf-Biografen sind der Meinung, dass mit dem Tod Marcel Cerdans der physische und psychische Niedergang der weltberühmten Sängerin seinen Anfang nahm. Die gläubige Katholikin, die jedoch selten zur Messe ging, begann sich für den Spiritismus zu interessieren. Sie kaufte ein kleines, dreifüßiges Tischchen, das sie überallhin mitführte und über das sie bei Séancen Kontakt mit Marcel aufnahm. Bei den Botschaften aus dem Jenseits, die sie zu empfangen glaubte, handelte es sich zumeist um Geld. Marcel erbat es für manche ihrer Freunde.

Die Piaf war extrem abergläubisch. Vor ihren Bühnenauftritten spielte sich immer das gleiche Ritual ab. Sie bekreuzigte sich, küsste ihren Talisman und vollführte mit dem kleinen Finger und dem Zeigefinger seltsame Bewegungen. Den Donnerstag hielt sie für einen Glücks-, den Sonntag für einen Unglückstag. Violett war ihre Lieblingsfarbe, grün mochte sie nicht. Von einem Hellseher ließ sie sich regelmäßig die Zukunft voraussagen.

Nach dem Tod Marcels begann für Edith ein Abschnitt ihres Lebens, der durch Trunk- und Drogensucht, Krankheiten, Unfälle und seelische Haltlosigkeit gekennzeichnet war.

Das Leben ging weiter und bescherte ihr noch vierzehn turbulente Jahre. Edith Piaf hegte Selbstmordgedanken, die sie jedoch bald wieder verdrängte. Sie kehrte auf die Bühne zurück. Ein Leben ohne Publikum war für sie unvorstellbar. 1951 spielte sie die Hauptrolle in der musikalischen Komödie „La P'tite Lili" (Die kleine Lili) von Marcel Achard, in der sie ihre große schauspielerische Begabung unter Beweis stellte. Das Stück, in dem sie im A.B.C. Triumphe feierte, stand sieben Monate auf dem Programm. Natürlich gab es wieder neue Männerbekanntschaften. Die drei Herren, die sie ihrer Dominanz zu unterwerfen versuchte, waren Charles Aznavour, Eddie Constantine und der Radrennfahrer André Pousse. Zu Charles Aznavour, den sie als Texter und Sänger unterschätzte, unterhielt sie ausnahmsweise kein Liebesverhältnis. Mit ihm, der zunächst ihr Sekretär und Faktotum war, der Botengänge für sie verrichtete, Telefondienst versah und sich auf Reisen um ihr Gepäck kümmerte, verband sie jedoch eine lebenslange Freundschaft. Der Armenier war einer der Wenigen, der ihr auch in ihren trübsten Tagen die Treue hielt.

Mit dem schlaksigen Eddie Constantine, der um einen Kopf größer als sie war, lief alles nach dem bekannten Muster ab. Sie quartierte ihn bei sich ein, brachte ihm Französisch bei, machte ihm die üblichen Geschenke, bevormundete ihn nach Strich und Faden, baute ihn zum Star auf und ließ ihn nach ungefähr zwei Jahren – die übliche Spanne Zeit – fallen. Über die Beziehung äußerte er sich in seiner Autobiografie: „Sie gab mir Selbstvertrauen, als ich keines hatte. Sie verlieh mir Kampfeswillen, wenn ich nicht kämpfen wollte. Um aus mir jemanden zu machen, machte sie mich glauben, dass ich jemand sei. Sie hatte die Gabe, meine Persönlichkeit zu stärken ..." Einem französischen Journalisten gegenüber schlug er andere Töne an. „Das Leben mit Edith war schrecklich", plauderte er aus der Schule. „Sie hatte für die körperliche Liebe nichts übrig. Männer hatten ihr, als sie sehr jung gewesen war, zuviel angetan. Ich glaube, sie rächte sich an ihnen, indem sie alle erreichbaren Männer verführte ..."

Im Sommer 1951 kaufte Edith Piaf in Le Hallier nahe Dreux um teures Geld ein Landhaus, in dem sie, um der Großstadt zu entfliehen, so manches Wochenende verbrachte. Aznavour und Pousse, der Eddie Constantines amouröse Nachfolge übernahm, chauffierten sie dorthin. Am 24. Juli 1951 krachte Aznavour auf der langen Fahrt in einen Telegraphenmast, wobei sich Edith und er ein paar Schnittwunden zuzogen.

Schlimmer ging ein Unfall im September aus, den Pousse verursachte. Die Piaf wurde mit einem Bruch des linken Armes und zwei gebrochenen Rippen in das örtliche Krankenhaus eingeliefert. Die Ärzte legten einen (Gips-)Verband an und entließen die Patientin auf eigenen Wunsch sogleich wieder. Edith wollte nach Paris zurück, wo La „P'-tite Lili" noch immer gespielt wurde. Mit dem Arm in der Schlinge und dem engen Verband um den Brustkorb verursachte ihr das Singen riesige Schmerzen. Aber die Piaf wollte partout weiterspielen. Zur Schmerzlinderung verabreichten ihr die Ärzte Morphiuminjektionen. Fatalerweise wurde sie davon süchtig. Edith in ihrer Autobiografie: „Ich möchte die Zeit, in der ich nur noch eine willenlose Hülle war, noch einmal heraufbeschwören, um alle jene zu warnen, die nach einem allzu großen Schmerz im Rauschgift oder im Alkohol Vergessen suchen." An ihrem Körper, berichtet sie, habe es kaum mehr eine Einstichstelle gegeben, Schenkel und Arme seien von Riesenödemen bedeckt gewesen und sie habe, um schneller zu ihrer Dosis zu kommen, die Spritzen auch nicht mehr sterilisiert, sondern schnell, schnell durch die Kleider gespritzt. Für ihre tägliche Dosis gab sie Millionen Francs aus.

Entziehungskuren fruchteten wenig, einer entzog sie sich überhaupt durch die Flucht aus der Anstalt. Immer wieder wurde sie rückfällig. Auf ihren Tourneen stand sie mit aufgedunsenem Gesicht und leerem Blick (gegen ihre Rheuma-Attacken verschrieben ihr die Ärzte Cortison) auf der Bühne und „dopte" sich zwischen den einzelnen Auftritten, um sich auf den Beinen zu halten. An manchen Abenden brachte sie den Text der Chansons durcheinander, stockte, blieb stecken. Sie entschuldigte sich, aber das Publikum begann, sich über sie lustig zu machen, die Presse verriss sie unerbittlich.

Wie sollte das weitergehen? Edith Piaf war an einem Tiefpunkt ihrer Existenz angelangt. War das Ende ihrer Karriere gekommen?

Mitten in ihrer schweren Lebenskrise entschloss sich Edith Piaf zu heiraten. Was bewog die unstete, flatterhafte kleine Chansonette, die von einem Liebesabenteuer in das andere taumelte, dazu, sich offiziell an einen Mann zu binden? War es der Traum von einem bürgerlichen Leben, wollte sie sich zur treuen, gesitteten Ehefrau wandeln? Wohl kaum. Sie eignete sich nicht dafür. Vielleicht wollte sie nur eine neue, noch nicht erprobte Rolle spielen.

Die Piaf war jetzt siebenunddreißig Jahre alt, aber noch immer nicht erwachsen. Sie wurde es nie, sie blieb seelisch ein Kind.

Der Mann, mit dem sie am 29. Juli 1952 standesamtlich im Rathaus des 16. Pariser Arrondissements in aller Heimlichkeit das Jawort wechselte, hieß mit Künstlernamen Jac-

ques Pills, war etliche Jahre älter als sie, sang und schrieb
Chansons. Die beiden kannten einander seit längerem, jetzt
fanden sie zueinander, und zwar über das Chanson „Je
t'ai dans la peau" (Du gehst mir unter die Haut), dessen
Text er verfasste und das er nach der Vertonung durch sei-

Edith Piaf bei ihrer Hochzeit mit Jacques Pills

nen damaligen Pianisten François Silly (der später als Gilbert Bécaud Weltruf erlangte) der Piaf vortrug. Sie war sofort davon begeistert und auch den Textdichter fand sie „ravissant" (hinreißend).

Jacques Pills pflegte einen lässigen Lebensstil, sah gut aus, war charmant, nett und geduldig. Manche Piaf-Biografen behaupten, er sei für Edith zu schwach gewesen. Sie selbst hielt ihn mit Ausnahme von Cerdan für den stärksten und gediegensten Mann, dem sie je begegnete. Und wer, wenn nicht sie, musste es wissen.

Am 20. September 1952 wurde in der Kirche St.-Vincent-de-Paul in New York auch kirchlich geheiratet. Marlene Dietrich, die die Hochzeit bis in das kleinste Detail, vom Brautbukett aus weißen Rosen bis zur Fotografiergenehmigung, organisierte, fungierte gemeinsam mit Louis Barrier als Trauzeuge. Die Braut trug ein Kleid aus hellblauem Seidenjersey mit einem fast bodenlangen Faltenrock und einen Hut aus Tüll, der Bräutigam einen marineblauen Anzug mit einer weißen Nelke im Knopfloch. Die Kirchenglocken wurden geläutet, Fotoapparate klickten, Chorgesang erklang, ein katholischer Priester vermählte das Paar. Die Schaulustigen warfen den Neuvermählten Blumen zu.

Der kirchlichen Feier folgten Empfänge im französischen Konsulat, eine Cocktailparty im „Versailles" und ein Champagnerfrühstück im berühmten Restaurant „Le Pavillon".

Edith Piaf schwelgte im Glück. „Ich hoffe nun, dass meine unglücklichen Jahre vorbei sind", versprühte sie Zuversicht und Optimismus, „dass alle die kleinen Sorgen uns vergessen haben und wir endlich glücklich und frei leben können."

Sie hatte keine kleinen, sondern große Sorgen, über die

der Ehemann allerdings vorerst nicht voll informiert war. Und frei war sie ohnehin immer gewesen.

Hochzeitsreise gab es keine. Beide Künstler kamen ihren vertraglichen Verpflichtungen nach. Gemeinsam unternahmen sie dann eine Tournee nach San Francisco, Las Vegas und Hollywood, wo sie von Charlie Chaplin zu einem Kurzbesuch in sein Haus in Beverley Hills eingeladen wurden. Man bezeugte einander Reverenz. Hierauf kehrte das Ehepaar nach Paris zurück und bezog Ediths neue Neunzimmerwohnung, 67 Boulevard Lannes. In der riesengroßen Halle des Hauses versammelte sie vor jeder Tournee ihre Entourage und studierte mit unermüdlicher Ausdauer und perfektionistischer Konsequenz vom Einbruch der Dunkelheit bis zur Morgendämmerung ihren neuen Songs ein. Darunter waren Renner wie „Padam, padam" oder „L'accordéoniste".

Die Ehe klappte anfänglich gut. Edith war glücklich mit Jacques, denn er schien zu begreifen, dass er sie nicht in einen Käfig einsperren durfte, wenn er mit ihr zusammen bleiben wollte. Edith und Jacques drehten miteinander Filme, traten gemeinsam in Theatern und Kabaretts auf, gingen auf ausgedehnte Tourneen. Künstlerisch passten sie allerdings nicht zusammen und persönlich lebten sie sich nach und nach zunehmend auseinander. Die Ehefrau bekam zum Leidwesen ihres Gemahls ihre Alkohol- und Drogensucht nicht in den Griff, der Gatte war trotz seiner Sanftheit nicht gewillt, sich vollends ihrem Willen zu unterwerfen. Er wollte nicht zum „Monsieur Piaf" werden. Nach vier Jahren war das Ehe-Experiment zu Ende. Die Trennung, die einvernehmlich erfolgte, ging unspektakulär und relativ schmerzlos über die Bühne.

Trotz ihrer angeschlagenen Gesundheit setzte Edith Piaf unbeirrbar ihren künstlerischen Weg fort. Ohne ihre Chansons und ihr Publikum konnte sie nicht leben, das Scheinwerferlicht und den Applaus benötigte sie wie einen Bissen Brot.

Nach vielen Aufschwüngen und Rückschlägen erlebte die Piaf ausgerechnet in den USA einen der Höhepunkte ihrer Karriere. Am 13. Januar 1957 feierte sie in der New Yorker Carnegie Hall einen der größten Triumphe ihres Lebens. Die Piaf war die erste Chansonsängerin, die in dieser berühmten Konzerthalle auftrat. Schon der Vorverkauf war sensationell. Die Leute drängten sich bei Minustemperaturen an den Kassen, der 3800 Personen fassende Saal war bald ausverkauft. Restkarten waren zuletzt nur noch im Schwarzhandel zu hohen Preisen zu ergattern.

Edith trug in ihrem unvergleichlichen Vortragsstil 21 Songs vor, eine Reihe davon in englischer Sprache. Nach anfänglicher Verhaltenheit entfaltete sie ihre volle Gestaltungskraft, gab ihr Letztes, verschmolz mit ihren Liedern. Ihre Leidenschaftlichkeit und ihr Charisma sprangen auf das anfänglich zurückhaltende Publikum über und entflammten es zu Begeisterungsstürmen. Die Zuschauer erhoben sich von ihren Sitzen und brachten der kleinen Chansonette minutenlange Ovationen dar. Der französische Dichter, Komponist und Filmregisseur Jean Cocteau hat die Zauberkraft des Stimmwunders aus Paris wunderbar charakterisiert. „Habt ihr schon einmal einer Nachtigall zugehört? Sie müht sich ab, sie zögert, sie krächzt, sie würgt. Dann singt sie plötzlich, findet den ersten Ton und ihr Gesang überwältigt euch. Wie die unsichtbare Nachtigall auf ihrem Baum wird auch Edith Piaf unsichtbar. Man sieht nichts mehr von ihr außer ihren Augen, ihrer bleichen Stirn, auf der sich das Scheinwerferlicht reflektiert. Ihre Stimme schwillt an, steigert sich und ersetzt sie Ton für Ton ... Es ist nicht mehr die Piaf, die singt. Es ist der Regen, der vom Himmel fällt, der Wind, der bläst, der Mond, der sein Licht verströmt."

Nach ihrem triumphalen Auftritt in New York tourte Edith Piaf fast ein Jahr lang durch Nord- und Südamerika, trat in Las Vegas, San Francisco, in Rio de Janeiro und Buenos Aires auf. Sie hatte Riesenerfolge und verdiente Millionen. Es blieb nicht viel übrig davon, als sie nach Paris zurückkehrte. Die Piaf war großzügig und verschwenderisch, sie war von Schmeichlern, Heuchlern, Hochstaplern und Gaunern umgeben, die sie finanziell ausbluteten. Sie fand auch für sie eine Entschuldigung. „Dass ich mein ganzes Vermögen vertat, ist allein meine Schuld", sagt sie in ihrer Autobiographie.

Auch in Paris setzte sie bei ihrem Engagement im „Olympia", das vier Monate währte, mit neuen Liedern ihre Erfolgsserie fort. Und schon war sie nach den vier Ehejahren mit einem neuen Liebhaber zu sehen. Er war Grieche, hieß Georges Moustaki und war mit seinen 24 Jahren um achtzehn Lenze jünger als sie. Dem lebenslustigen Mann, der sie mit der Gitarre auf einer Frankreichtournee begleitete, machte das nichts aus. Seiner Karriere konnte die Beziehung nur dienlich sein. Er schrieb, das sei zu seiner Ehrenrettung gesagt, auch einige Chansons für sie, von denen „Milord" zum Piaf-Spitzenreiter aufstieg.

Großes persönliches Glück war der längst weltberühmten Chansonette an seiner Seite nicht beschieden. Ganz im

Gegenteil. Wie schon vor ihm Aznavour und Pousse verursachte Moustaki am 7. September 1958 einen Autounfall, bei dem sich Edith eine Verletzung an der Stirn, an den Lippen, kleine Schnittwunden und einen Sehnenriss an der rechten Hand zuzog. Eine bereits geplante Amerika-Tournee musste um einen Monat verschoben werden.

Kaum notdürftig wiederhergestellt, trat sie den Flug über den Atlantik an, um ihren vertraglichen Verpflichtungen nachzukommen. Sie wollte sich einfach nicht unterkriegen lassen, dem Schicksal trotzig die Stirn bieten. Aber sie überspannte ihre Kräfte. Der Raubbau an ihrer Gesundheit forderte seinen Tribut. Am 20. Februar 1959 brach sie auf der Bühne des „Waldorf Astoria" bewusstlos zusammen. Die Ärzte im Presbyterian Hospital in der 168. Straße diagnostizierten einen Magendurchbruch und retteten in einer vierstündigen Operation und mit einigen Bluttransfusionen ihr Leben. Der junge Liebhaber aus Griechenland benutzte die Gelegenheit, um sich von ihr abzuseilen.

Nach einem mehrmonatigen Krankenhausaufenthalt und einer kurzen Rekonvaleszenz geschieht dann das Unglaubliche: Entgegen dem Rat der Ärzte präsentiert sie sich im „Waldorf" wieder dem staunenden amerikanischen Publikum. Am 21. Juni 1959 kehrt sie in die französische Hauptstadt zurück. Auf dem Flugplatz von Orly stellt sie dem Besitzer des Kabaretts „Olympia", Bruno Coquatrix, der sie dort empfängt, ihren neuen Liebhaber vor: den jungen amerikanischen Maler Douglas Davies.

Edith Piaf trägt den Tod in sich. Sie muss es gespürt, vielleicht sogar gewusst haben. Aber sie gibt nicht auf. Die

Show muss weitergehen. Schon bald nach ihrer Rückkehr ist sie wieder auf einer Tournee in verschiedene französische Badeorte unterwegs. Douglas steuert den sündteuren Chevrolet, den sie ihm gekauft hat. Und seltsam! Auch er

Edith Piaf auf dem Höhepunkt ihrer Karriere

verursacht einen Unfall. Der Lenker kommt mit dem Schrecken davon, Edith erleidet einen Rippenbruch. Es kommt zum üblichen Ablauf des Geschehens: Einlieferung in ein Krankenhaus, ärztliche Versorgung, Verabreichung von schmerzstillenden Mitteln. Die Tournee wird fortgesetzt, die Piaf singt mit letzter Kraft ihre Chansons, wird zwischen den einzelnen Nummern fit gespritzt. Ihre Rheuma-Anfälle, die ihre Gliedmaßen zu deformieren beginnen, werden mit Cortison behandelt. In Cannes lehrt sie der amerikanische Liebhaber schwimmen, kurz darauf empfiehlt er sich eines Nachts auf Nimmerwiedersehen. Er hat genug von ihrem fordernden Autoritätsgehabe. Sie ist wieder allein.

In den letzten Lebensjahren steigert sich das Wechselspiel zwischen lebensbedrohlichen gesundheitlichen Zusammenbrüchen, Krankenhausaufenthalten, schweren Operationen und Studioaufnahmen, Tourneen und Gastspielen im Pariser „Olympia" zum dramatischen, atemberaubenden Furioso. In Stockholm kollabiert sie vor fünftausend Zuhörern und wird in das American Hospital in Neuilly geflogen. Ärztliche Diagnose: Entzündung der Bauchspeicheldrüse. Nach der Entlassung kann sie ohne Hilfe nicht gehen, unterzieht sich einer schmerzvollen chiropraktischen Behandlung, ein Leberleiden (Krebs?) plagt sie. Aber sie macht weiter, weiter, immer weiter.

In dieser schweren, leiderfüllten Zeit wird das todkranke Chansongenie von zwei weiteren Männern begleitet: künstlerisch von Charles Dumont und menschlich von Theophanis Lamboukas, den sie kurzerhand auf Théo Sarapo umtauft.

Der junge Dumont wird (für kurze Zeit) zu ihrem Lieblings-Textautor und -Komponisten, nicht jedoch zu ihrem Liebhaber. Dazu reicht es jetzt nicht mehr. Aber er muss, wie alle anderen Personen in ihrer Umgebung, ihre tyrannischen Launen über sich ergehen lassen, tanzen, wie sie pfeift. Sein Chanson „Non, je ne regrette rien" (Nein, ich bereue nichts) löst beim ersten Anhören ein riesiges Echo bei ihr aus und wird binnen kurzer Zeit ein absoluter Piaf-Klassiker. Auch „Mon Dieu" (Mein Gott) und andere Dumont-Chansons schlagen beim Publikum voll ein. Die Piaf feiert auf Tourneen wieder wahre Triumphe, im „Olympia" wird sie am 29. Dezember 1960 eine halbe Stunde lang umjubelt. Obwohl sie Dumont viel zu verdanken hat, trennt sie sich von ihm nach einer Meinungsverschiedenheit gnadenlos, um sich dann, ganz gegen ihre sonstige Gewohnheit, doch wieder mit ihm zu versöhnen.

Im Januar 1962 wird ihr ein junger Mann vorgestellt, den sie zunächst kaum beachtet. Er ist griechischer Abstammung, Friseur von Beruf, groß, jung, hübsch, wortkarg und scheu. Zu diesem Zeitpunkt ist die weltberühmte Sängerin bereits eine völlig ausgebrannte, frühzeitig gealterte Frau. Ihr Gesicht ist faltig, ihr Körper abgemagert, ihre Hände sind verkrüppelt. Im Februar wird sie mit einer doppelten Lungenentzündung wieder einmal in ein Krankenhaus eingeliefert. Da taucht eines Tages der junge Grieche in der Klinik auf, wird zum ständigen Besucher, bringt ihr Blumen, schenkt ihr Puppen. Ein Funke springt über.

Edith übersteht auch diese Krankheit, verlässt das Krankenhaus und kehrt in ihre geräumige Wohnung zurück. Théo zieht zu ihr. Was sich in den folgenden eineinhalb Jahren abspielt, klingt wie ein Märchen aus „Tausend und einer Nacht" und ist rational schwer zu erklären und zu verstehen. Der um zwanzig Jahre jüngere Partner haucht ihr neuen Lebensmut ein, betreut sie, wird ihr Sekretär und offizieller Begleiter. Sie unterwirft ihn ihrem herrischen Willen, zwingt ihm ein riesiges tägliches Arbeitspensum auf und macht aus ihm einen durchaus passablen Sänger. Bei gemeinsamen Auftritten, für die sie sich mit Aufputschmittel vollstopfen muss, um durchzuhalten, macht er eine gute Figur. Und dann geschieht etwas, was die Zeitgenossen in Erstaunen versetzt und sich viele Piaf-Biografen bis heute nicht erklären können: das Paar kündigt via „France-Dimanche", einer auflagenstarken Pariser Zeitung, seine Verlobung und gleich auch den Hochzeitstermin an. Eine rationale Erklärung dafür gibt es nicht. Die Piaf ist zwar noch immer die bestbezahlte Chansonette der Welt, aber sie ist schwer verschuldet, ein menschliches Wrack, das sich nur mühsam auf den Beinen halten kann, sie steht am Rande des Grabes. Und ein stattlicher, vor Kraft und Gesundheit strotzender Mann, der zwanzig Jahre jünger ist als sie, will sie heiraten. Ist das nicht verrückt? Gewiss, aber Liebe ist irrational.

Hochzeitstermin ist der 9. Oktober 1962. Zuvor singt die Piaf noch mit übermenschlicher Kraftanstrengung an mehreren Abenden im „Olympia". Vor und nach der Premiere wird sie von Fotografen umlagert und von Reportern mit geschmacklosen Fragen nach ihrer Gesundheit belästigt. Das Publikum, Fans wie Gaffer, feiert sie trotz mancher darbieterischen Schwächen stürmisch.

Am angekündigten Tag werden die Piaf und ihr Théo zunächst standesamtlich und ein paar Stunden später in einer griechisch-orthodoxen Kirche getraut. Die Boule-

Edith Piaf und Théo Sarapo, ihr letzter Ehemann.
Ein Märchen aus Tausendundeiner Nacht

vardpresse kann wieder mit Schlagzeilen aufwarten, eine riesige Menschenmenge bricht in Hochrufe aus, als das Brautpaar nach der Zeremonie die Kirche verlässt. Bereits am nächsten Tag benötigt die Braut eine neuerliche Entziehungskur. Nach ihrer Entlassung unternimmt sie in Begleitung ihres jungen Gemahls eine Tournee durch Belgien und Holland, die sie zweimal unterbrechen muss, um eine Bluttransfusion durchführen zu lassen.

Edith Piaf gibt nicht auf. Für 1963 wälzt sie fantastische Pläne, träumt von einer Tournee nach Japan und einem Auftritt vor Präsident John F. Kennedy im Weißen Haus. Dazu kommt es nicht mehr. Im Februar gibt sie im „Bobino", dem berühmten alten Revuetheater in Paris, eine Reihe von Konzerten, im März singt sie in der Oper von Lille. Es ist ihr letzter öffentlicher Auftritt. Dann kann sie ihren völlig ausgelaugten Körper, dem sie Übermenschliches abverlangt hat, dem Scheinwerferlicht nicht mehr aussetzen. Ihr Wunsch, auf der Bühne tot umzufallen, wird nicht in Erfüllung gehen.

Nach zwei weiteren Krankenhausaufenthalten bringt man sie Anfang September 1963 in ein provenzalisches Dorf namens Plascassier in der Nähe von Grasse. Ihre langjährige Krankenschwester Simone Margantin betreut die Todkranke Tag und Nacht aufopferungsvoll. Nur ein paar Freunde kommen an ihrem Krankenlager vorbei, Théo, der in Paris seinen ersten Film dreht, findet sich zu den Wochenenden ein. Am 10. Oktober, dem ersten Jahrestag ihrer Trauung, fällt die weltberühmte Chansonette in ein Leberkoma, aus dem sie nicht mehr erwacht. Der Leichnam wird des Nachts in einem Krankenwagen nach Paris gebracht und in ihrer Wohnung auf dem Boulevard Lannes aufgebahrt. Der Tod wird erst am nächsten Tag offiziell bekannt gemacht. Edith Piaf, der „Spatz von Paris", kann nur in der Hauptstadt des Landes verstorben sein. Ein anderer Sterbeort wäre mit ihrem Andenken nicht zu vereinbaren.

Mit ihrem Programm „Maria Bill singt Edith Piaf" erobert die Schauspielerin und Chansonniere das Publikum. Sie ist die perfekte Verkörperung der großen französischen Sängerin.

Der französische Rundfunk sendet Trauermusik, Millionen Menschen auf der ganzen Welt erfüllt die Nachricht vom Hinscheiden der französischen (Volks-)Sängerin mit

Wehmut. Selbst in Moskau, wo sie nie gesungen hat, widmen ihr die Menschen ein paar Minuten stillen Gedenkens. Edith Piaf fand am 14. Oktober 1963 auf dem Friedhof Père Lachaise ihre letzte Ruhestätte. Geschätzte zwei Millionen Menschen säumten die Straßen, durch die der Leichenzug seinen Weg nahm, fielen auf die Knie, beteten, bekreuzigten sich. Sie erwiesen durch ihre Anteilnahme dem kleinen, armen Geschöpf aus der Pariser Vorstadt Respekt wie einer Königin.

HENRI DE TOULOUSE-LAUTREC

Das buckelige Zeichen- und Malgenie

Er war keine vierzehn Jahre alt, als das Missgeschick passierte, das sein Leben entscheidend veränderte. Und dabei sah alles ganz harmlos aus. An einem sonnendurchfluteten Maitag des Jahres 1878 rutschte Henri auf dem Parkettboden des elterlichen Palais in Albi (Südfrankreich) aus und fiel der Länge nach hin. Der Hausarzt der Familie, der zufällig auf Krankenbesuch war, diagnostizierte einen Bruch des linken Oberschenkels. Medizinisch gesehen, war das selbst damals ein alltäglicher Unfall und gab, insbesondere bei einem jungen Menschen, keinen Anlass zur Sorge.

Im Falle Henris war das anders. Der Spross aus uraltem französischem Adel hatte ein zartes, brüchiges Knochengerüst. Den Bruch einzurichten bereitete den Ärzten große Schwierigkeiten. Und was noch schlimmer war: Die Heilung ging unfassbar langsam vonstatten. Die verzweifelte Mutter konsultierte Arzt um Arzt, suchte mit dem „kleinen Krückengänger" alle möglichen Kurorte und Heilstätten auf. Den Winter verbrachte sie mit ihm in Nizza, wo sich „Petit Bijou" (kleines Juwel), wie die Eltern ihren Sohn nannten, außerordentlich wohl fühlte. Vom Meer war er begeistert. Stundenlang beobachtete er das bunte Treiben im Hafen, bastelte Schiffe, freundete sich mit einem älteren, kränklichen Jungen namens Etienne Devismes an, dem er zeitlebens verbunden blieb, zeichnete und begann zu malen.

Henri zeichnete schon als Kind ohne Unterlass, er zeichnete, bevor er zu schreiben lernte. Das Zeichnen steckte in ihm, es war eine angeborene Gabe. Er drückte seine Gefühle und Eindrücke nicht in Buchstaben, sondern in Strichen aus, zu Hause und später dann auch in der Schule. Seine Hefte bedeckte er randvoll mit Skizzen von Pferden, Reitern, Hunden und allen möglichen Vogelarten. Der erwachsene Künstler wird später einmal von sich sagen: „Ich bin immer ein Bleistift gewesen."

Sein körperliches Missgeschick trägt der Knabe mit unglaublicher Fassung und Unbekümmertheit. Er klagt nicht, lässt sich nichts anmerken, macht immer ein freundliches Gesicht.

Nach ein paar Monaten kehrt die Mutter mit Henri nach Albi zurück. Der Hausarzt stellt eine optimistische medizinische Prognose. Der Heilungsprozess werde noch ein wenig Zeit in Anspruch nehmen, aber der Knabe werde wieder ganz genesen. Henri selbst ist ebenfalls zuversichtlich. Gottlob sei der Oberschenkel jetzt wiederhergestellt, schreibt er einem Bekannten, er beginne mit einer Krücke und der Hilfe einer Person zu gehen. Von einer endgültigen Heilung also keine Spur.

Fünfzehn Monate später rutscht der Knabe während eines Spazierganges in dem in den Oberpyrenäen gelegenen Kurort Bareges aus und bricht sich abermals den Oberschenkel. Diesmal den rechten. Der Vater darüber: „Der zweite Bruch geschah bei einem nicht sehr starken Sturz auf einem Spaziergang mit seiner Mutter; er rollte in das ausgetrocknete Bett eines Baches, das nicht tiefer als 1–1,50 Meter war. Während seine Mutter ärztliche Hilfe holte, blieb der Verletzte – statt zu verzweifeln – sitzen und stützte den Schenkel zwischen seinen gerade gehaltenen Händen."

Bei Henri de Toulouse-Lautrec hat der Pubertätsprozess eingesetzt. Sein Aussehen verändert sich. Aus dem hübschen Kind wird ein hässlicher Jüngling mit wulstigen Lippen in einem Gesicht, in dem nur die lebhaften Augen auffallen, die Intelligenz ausstrahlen. Vor allem aber: Henri wächst seit den Unfällen nicht mehr. Er misst jetzt 1,52 Meter. Über dieses Zwergenmaß wird er nicht mehr hinauskommen. Sein Rumpf ist fast normal, doch die Gliedmaßen entwickeln sich nicht mehr. Arme und Beine bleiben zu kurz, auf dem plumpen, schwerfälligen Körper sitzt ein unverhältnismäßig großer Kopf. Er ist fünfzehn Jahre alt und ein Krüppel.

Der pubertierende Knabe erträgt sein schweres Schicksal unbewegt. Aber in seinem Inneren sieht es anders aus. „Ich bin den ganzen Tag über sehr allein", äußerte er sich nach seinem zweiten Unfall, „ich lese ein wenig, aber auf die Dauer kriege ich Kopfweh davon. Ich zeichne und male, so viel ich kann, bis die Hand müde wird, und wenn es dunkelt, warte ich, ob Jeanne d'Armagnac (seine Cousine, Anm. d. Verf.) an mein Bett kommt. Sie kommt manchmal und ist so lieb, mit mir zu plaudern und zu spielen, ich höre sie sprechen, trau mich aber nicht recht, sie anzuschauen. Sie ist so groß, so schön! Und ich bin weder groß noch schön." Wie vielsagend! Welch tiefen Einblick in seine Seele gewähren uns diese paar Sätze.

Henri de Toulouse-Lautrec ist nicht nur missgebildet, er hat auch einen Sprachfehler. Er lispelt. In seinem Herzen pocht das ungestüme Blut seiner Ahnen. Er sehnt sich nach Liebe, nach Geborgenheit. Beides gewährt ihm nur die fromme Mutter, die in allen Lebenslagen bedingungslos auf seiner Seite steht. Ehefrau wird er zeitlebens keine finden, seine sexuellen Bedürfnisse wird er bei Dirnen stillen. Was er an Liebe schenken kann, wird er in seine Arbeit verströmen und in Männerbekanntschaften.

Henri de Toulouse-Lautrec erblickte am 24. November 1864 das Licht der Welt. Er entstammte einer uralten südfranzösischen Adelsfamilie. Der Vater, Graf Alphonse de Toulouse, war ein standesbewusster Mann und ein glühender Royalist, der die politischen und gesellschaftlichen Entwicklungen seit den Tagen der Großen Revolution des Jahres 1789 aus tiefstem Herzen verabscheute. Von überschäumender Vitalität, herrisch und unkonventionell in vielen seiner Lebensäußerungen, gehörte seine ganze leidenschaftliche Liebe dem Reiten und der Jagd. Er war ständig unterwegs, eilte von einem Jagdrevier zum anderen. Für die Familie blieb da wenig Zeit, das Ehebett genügte ihm nicht. Der Frauenheld nahm, was ihm gerade über den Weg lief, von der Aristokratin bis hinunter zur Magd. Alphonse de Toulouse-Lautrec hatte keine Hemmungen. Er tat, was ihm passte, gab jedem Impuls nach, jeder Laune.

Der Graf war mit einer Cousine verheiratet, die Inzucht hatte in seiner Familie Tradition. Die beiden kannten einander von klein auf und schienen einander zu verstehen. Das war freilich ein Trugschluss. Schon bald nach der Heirat stellte sich heraus, dass sie charakterlich überhaupt nicht zueinander passten. Adèle de Toulouse-Lautrec war eine stille, zurückhaltende Frau, die die Seitensprünge des Gatten mit schweigsamer Geduld ertrug. Henri sprach im Erwachsenenalter von seiner „armen, heiligen Frau Mut-

Das Haus in Albi, in dem Henri de Toulouse-Lautrec
geboren wurde

ter" und bezeichnete sie ein wenig spöttisch sogar als die Tugend in Person.

Die Ehe scheiterte nach wenigen Jahren, blieb jedoch dem Namen nach bestehen. Man verkehrte miteinander nicht wie Mann und Frau, sondern kontakt- und geschlechtslos, die kleinste Intimität meidend.

Um den Sohn kümmerte sich der Vater überhaupt nicht. Mit einem kleinen Kind wusste er nichts anzufangen, es passte überhaupt nicht in seine Lebenswelt. Die Erziehung Henris blieb ganz der Mutter überlassen.

Henri wuchs mit einer Schar von Cousinen und Cousins auf und wurde von der Mutter und Aufsichtspersonen nach Strich und Faden verwöhnt, was seiner charakterlichen Entwicklung nicht unbedingt förderlich war. Mit Kosenamen wie „Petit Bijou" gerufen, entwickelte sich das putzige Kind zu einem kleinen, eigenwilligen Tyrannen, der trotzig seinen Willen durchsetzte, mit den Bediensteten Schabernack trieb und allerlei übermütige Scherze vollführte. Henri konnte aber auch ausgesprochen liebevoll und heiter sein. Sorgen machte sich die Mutter nur um die Gesundheit ihres kleinen Lieblings. Henri war zwar nicht ausgesprochen kränklich, aber er hatte eine zarte Konstitution. „Petit Bijou" war schwach, seine Beinchen waren dünn, er war schmächtig und schmalbrüstig. Einen unmittelbaren Anlass zur Besorgnis gab es vorerst nicht, aber die Mama machte sich doch Gedanken. In der Ahnenreihe des Grafengeschlechtes, das vor kräftigen Naturen, Kriegern und Abenteurern nur so strotzte, schien er ein wenig aus der Reihe zu fallen. Geistig berechtigte das Kind zu den schönsten Hoffnungen. Henri war frühreif und hochintelligent, er hatte eine ausgesprochen scharfe Auffassungs- und Beobachtungsgabe.

Der tierliebende Aristokratenspross besuchte erst im Alter von acht Jahren die Schule. Die Eltern, die 1872 ihren Wohnsitz nach Paris verlegten, schickten ihn in ein Lyzeum, wo der Knirps nicht nur ausgezeichnete Leistungen erzielte, sondern auch rasch Freundschaften schloss. Geselligkeit war ein Grundzug seines Charakters. Die Mutter berichtete ihrer Familie, sie sei so stolz auf ihn, er arbeite sehr fleißig und sei der vierte von 40 Schülern, die noch dazu alle älter seien als er.

Wegen seiner schwachen Gesundheit musste Henri jedoch nach zwei Jahren die Schule wieder verlassen. An eine geregelte Ausbildung war nicht mehr zu denken. Der Bub musste Heilbäder aufsuchen und erhielt unter der Leitung der gebildeten Mama, die ihn Latein, Griechisch und moderne Fremdsprachen lehrte, Privatunterricht. Der Kleine lernte auch reiten und machte nicht unerhebliche Fortschritte, was der gräfliche Vater mit Freude und Genugtuung registrierte. Ein Toulouse durfte kein Federfuchser ein. Das entsprach nicht seinen erzieherischen Vorstellungen. Er musste bei der Jagd und in anderen sportlichen Disziplinen seinen Mann stellen.

Der Kleine griff freilich bei jeder Gelegenheit zum Zeichenstift und zu den Malutensilien. Die beiden Knochenbrüche, die er sich zuzog, wurden im Übrigen durch eine erbliche, unheilbare Knochenkrankheit verursacht. Sie bestimmten seinen weiteren Lebensweg als Künstler. Der zum Krüppel gewordene Sohn aus adeliger Familie heischte nicht nach Mitleid. Er wollte niemandem zur Last fallen, sich selbst und der Welt beweisen, wozu er trotz seiner körperlichen Gebrechlichkeit fähig war. Henri de Toulouse-Lautrec flüchtete aus der Krüppelhaftigkeit in die künstlerische Größe. Sein Studium schloss er im November 1881 mit dem ersten Teil der Reifeprüfung ab. Einem Freund berichtete er freudig erregt: „Sehr Lieber! Hingerissen vom Taumel des Abiturs habe ich meine Freunde, die Malerei und alles vernachlässigen müssen, was hienieden die Aufmerksamkeit der Wörterbücher und Lexika verdient. Der Prüfungsausschuss von Toulouse hat mich schließlich für akzeptabel erklärt, trotz der Albernheit, die ich entfaltete, um ihnen zu antworten!! Ich habe Lukan-Zitate gebraucht, die niemals existiert haben, und der Professor – weil er gelehrt erscheinen wollte – hat mich mit offenen Armen angenommen. Das wäre endlich geschafft. "

Zum zweiten Teil der Reifeprüfung will Henri freilich keineswegs mehr antreten. Er will Maler werden und in diesem Metier ein bedeutender Künstler. Die Mutter ist über die Entscheidung des Sohnes keineswegs erfreut, aber sie gibt nach. Sie will seinem Glück nicht im Wege stehen, er hat ohnehin am Familienerbe schwer zu tragen. Auch der Vater fügt sich Henris Berufswunsch. Wenn er schon zu nichts anderem taugt, dann soll sich dieser dürre Ast am Stammbaum des Grafengeschlechts seine Zeit halt mit Klecksereien vertreiben.

Henri de Toulouse-Lautrec erlernt zunächst beim taubstummen Tiermaler René Princeteau die Grundbegriffe der Malerei. Seiner eigenen Grenzen bewusst, empfiehlt dieser dann seinem talentierten Schüler das weitere Malstudium an der Pariser Akademie.

Ende März 1882 betritt der kaum 18-jährige Aristokratenspross aus der französischen Provinz zum ersten Mal das Atelier von Professor Léon Bonnat in der Kunstakademie. Verlegen und scheu stellt er sich seinem neuen Lehrmeister vor, schüttelt die Hände der älteren Studiosi. Wird man sich über ihn lustig machen, ihn wegen seiner kurzen Beine, seiner ganz ungewöhnlichen Erscheinung, die gar nichts von einem angehenden Künstler an sich hat, hänseln? Wird man ihn akzeptieren, ihn in ihrer Mitte aufnehmen?

Es gibt zu seiner Überraschung und Freude keine Probleme. Der Knirps ist gesellig, munter, schlagfertig, geistreich. Er hat Humor, einen scharfen Intellekt und einen sarkastischen Witz. Das stellt sich bald heraus und schafft ihm gleich Freunde.

Henri geht mit Feuereifer an die Arbeit. Der konservative Professor, der einen blutleeren akademischen Malstil vertritt, lobt und tadelt seine Schüler. Zu Henri sagt er: „Ihre Malerei ist gar nicht schlecht, das ist famos, aber Ihr Zeichnen ist ganz und gar abscheulich." Das ist ganz und gar nicht aufmunternd, aber das muss man eben ertragen. Der Neuling beißt die Zähne zusammen, befolgt strikt die Anweisungen des gebieterischen Professors. Der Meinung einiger seiner Kollegen, Bonnat sei hoffnungslos rückständig, schenkt er kein Gehör. Er lernt bei ihm die Grundregeln der Bildkomposition und einiges mehr. Dafür ist er ihm dankbar.

Den Sommer verbringt er in seiner Heimat und dabei wird es auch in den nächsten Jahren bleiben. Er malt Landschaften, macht Pferdeskizzen und fertigt Porträts an. Die Familienmitglieder, die Mutter, die Großmütter, die Onkel und Tanten müssen ihm Modell sitzen. Als er im Herbst nach Paris zurückkehrt, schließt Bonnat sein Atelier. Henri muss den Lehrer wechseln. Er entscheidet sich mit ein paar Mitstudenten für Fernand Cormon, einen jungen, aufgeschlossenen Maler, der sich bereits einen Namen gemacht hat. Cormon gewährt seinen Schülern große Freiheiten, aber er kümmert sich nicht allzu viel um sie. Zweimal pro Woche taucht er im Atelier auf, geht von Staffelei zu Staffelei, korrigiert dies und jenes, gibt rasch ein paar Ratschläge und schon ist er wieder weg. Den meisten Studenten behagt dieser lockere Betrieb. Henri gefällt er gar nicht. „Cormon schaut sich alles an, was man ihm zeigt und ermutigt einen stark", stellt er in einem Schreiben fest. „Sie werden sich wundern, aber ich mag das eigentlich weniger! Die Peitschenhiebe meines früheren Patrons waren scharf, und ich schonte mich nicht. Hier bin ich ein wenig geschwächt und benötige Mut, um eine sorgfältige Zeichnung zu machen." Henri ist streng gegen sich selbst, er will gefordert werden, billige Anerkennung ist ihm zuwider. Wenn er mit seiner eigenen Leistung unzufrieden ist, und er ist es oft, muss ihn die Mutter abends trösten, ihm zureden, ihn aufmuntern. Sie allein weiß, wie es in seinem Inneren aussieht. „Bete für ihn, liebe Mama", schreibt die Gräfin ihrer Mutter, „denn das Atelierdasein ist zwar vom beruflichen Standpunkt vortrefflich, stellt aber jeden jungen Mann auf eine harte Probe."

Vor seinen Malerkollegen verbirgt Henri de Toulouse-Lautrec seine Seelennöte, überspielt sie mit Kasperliaden und ungezwungenen Reden oder vergräbt sich in seine Arbeit. Seinen eigenen Malstil hat er noch nicht gefunden. Denn auch der Historienmaler Cormon weist ihm keine neuen Wege, auch er vertritt eine dogmatische Kunstauffassung. Die neue Kunstwelt, die sich in den Bildern der Impressionisten ankündigt, nimmt er nicht zur Kenntnis. Unter dem Einfluss einiger Kollegen, zu denen auch der Holländer van Gogh gehört, der kurze Zeit Cormons Atelier besucht und mit dem er Freundschaft schließt, rückt Henri allmählich künstlerisch von seinen akademischen Lehrern ab und beschreitet neue Wege.

Im Alter von zwanzig Jahren beginnt sich Henri zum Leidwesen seiner Mutter von der Familie langsam abzunabeln, sein Leben neu einzurichten und zu gestalten. Er zieht nach Montmartre, das aufstrebende Künstlerviertel von Paris. Dort tut sich für den Sohn aus vornehmster Familie eine neue gesellschaftliche Welt auf. Der 130 Meter hohe Hügel im Nordosten der französischen Hauptstadt sah um diese Zeit noch ländlich aus: „Da gibt es Windmühlen, Kneipen und Lauben, ländliche Idylle, stille Gässchen mit strohgedeckten Hütten", schildert ein Zeitgenosse, „Scheunen und buschige Gärten, grüne Flächen, von tiefen Rissen

Henri de Toulouse-Lautrec und sein Modell Berthe, 1890

zerfurcht, wo Quellen aus dem Lehm hervorsickern und mählich grüne Inseln bilden: auf denen tummeln sich Ziegen, rupfen den Bärenklau, der vom Fels herabhängt ...“

Oben auf der Anhöhe wuchs seit 1876 das Sacré Coeur, die Basilika vom Heiligen Herzen Jesu, empor, die heute längst zu einem Wahrzeichen der Stadt an der Seine geworden ist. Am Fuße des Hügels schlugen die Maler ihre Ateliers auf, trugen in verschiedenen Lokalen ihre Dichtungen vor. Montmartre wurde allmählich zum Zentrum des künstlerischen und intellektuellen Lebens von Paris, wo sich Angehörige aller Gesellschaftsschichten ein Stelldichein gaben. Es wimmelte dort vor allem aber auch von Dirnen und Zuhältern, Ganoven, Raufbolden, Gaunern, Strolchen und anderen zwielichtigen Gestalten.

Henri de Toulouse-Lautrec fühlt sich in der Glitzerwelt der Demimonde, in den verrufenen Amüsierlokalen, den verrauchten Kneipen, den zum Bersten vollen Cabarets, in denen Künstler, Literaten und Journalisten, blasierte Aristokraten und biedere Bürger Chansons und Gedichten lauschen, leicht geschürzte Tänzerinnen zu aufpeitschender Musik ihre Unterröcke heben und dem Publikum ihren prallen Hinterteil zeigen, sichtlich wohl. Fast jeden Abend zieht er mit seinen Freunden und Saufkumpanen von einem Cabaret, von einer Bar zur anderen, vom „Le Chat Noir“ (Die schwarze Katze) zum „Mirliton“ (Rohrflöte) und später, nach dessen Eröffnung 1889, zum „Moulin Rouge“. „Dieser Tage habe ich mich im ‚Chat Noir‘ stark amüsiert“, schreibt er der Mutter. „Wir hatten ein Orchester organisiert und ließen das Volk tanzen. Das war sehr drollig, man ging erst um 5 Uhr morgens schlafen, was ein wenig die Arbeit ebendieses Morgens beeinträchtigte.“

Toulouse-Lautrec mit Tremolada,
dem Assistenten des Direktors des Moulin Rouge

Die überhitzte, stickige Atmosphäre in diesen Lokalen
bereitet ihm sichtlich Vergnügen, erregt ihn, entflammt seine Sinnlichkeit. In diesen Etablissements, in den Bordellen, erlebt er das elementar Menschliche in seiner ganzen,
unverfälschten Urwüchsigkeit. Gefesselt und gebannt, hält
er das bunte Treiben in knappen Strichen mit unerbitt-

licher Strenge in seinem Skizzenheft, auf Servietten und Tischtüchern fest. Er beobachtet und zeichnet, zeichnet ohne Unterlass und schüttet einen Cocktail nach dem anderen in seine durstige Kehle. Er kann sich nicht satt sehen an diesem pulsierenden Leben, er saugt es auf, schlingt es in sich hinein wie ein Hungernder einen Bissen Brot. Die Welt des Montmartre ist seine unerschöpfliche Inspirationsquelle, und bald gehört er zu ihr, ist nicht mehr aus ihr wegzudenken.

Der hässliche Zwerg mit dem von einem Bart umrahmten Gesicht, dem Zwicker auf der Nase, der karierten Hose über den krummen, dünnen Beinen, mit Überrock, Stock und Melone gehört bald gewissermaßen zum Inventar dieser Künstlerwelt. Niemand dreht sich nach ihm um, wenn er allein oder Arm in Arm mit einem Freund durch die Straßen humpelt, niemand rümpft die Nase über ihn. Er wird akzeptiert und bald auch als Künstler respektiert.

In den Lokalen, die er allabendlich aufsucht, kennen ihn die Stars, und sie stellen sich gerne als Modelle zur Verfügung. Henri de Toulouse-Lautrec widmete sich ganz der menschlichen Figur. Das Stillleben kommt in seiner Kunst überhaupt nicht vor, auch für die Darstellung der Landschaft, dem großen Thema der impressionistischen zeitgenössischen Malerei, zeigt er kein Interesse. Darauf von einem Freund angesprochen und dazu ermuntert, erwidert er, die Landschaft sei nur eine Zutat, der Landschaftsmaler ein Rohling. Nur die Figur sei wirklich wichtig. Toulouse- Lautrec ist der einzige große Künstler im Frankreich des ausgehenden 19. Jahrhunderts, bei dem ausschließlich der Mensch im Mittelpunkt des Schaffens steht. Die Figuren, die er darstellt, sind nicht Angehörige der Gesellschaftsschicht, aus der er selbst kam. Von einem aristokratischen Milieu gibt es in seinem Oeuvre weit und breit keine Spur. Seine Modelle kommen aus der Welt des Cabarets, der Bordelle, des Rotlichtmilieus, des Zirkus. Er braucht diese Atmosphäre, um existieren zu können. Seine Bildwelt ist voll von Chansonsängerinnen und -sängern, Tanzstars, Prostituierten, Clowns, Jockeys. Ihnen gehörte seine ganze künstlerische Aufmerksamkeit, ihnen fühlte er sich zugehörig. Als körperlich Gezeichneter hatte er großes Verständnis für soziales Außenseitertum, nahm er seelischen Anteil am Leben und Treiben dieser Menschen am Rande der Gesellschaft. Mit knappen, energischen Pinselstrichen bannte er ihre Schicksale, ihre Gefühle und Stimmungen auf die Leinwand, porträtierte er das Triebhaft-Animalische ihrer Existenz. In dieser Wahl der Sujets und in der ausdrucksstarken Prägnanz seines zeichnerischen und malerischen Werkes liegt die Bedeutung des kleinen, hässlichen Malgenies. Toulouse-Lautrec war kein Moralapostel und kein künstlerischer Revolutionär, sondern ein Tabubrecher, der das Triebhafte, das Exotische und pervers Erotische, das schlechthin menschlich Abseitige zur Darstellung brachte.

„Auch mit dem Pinsel in der Hand war Toulouse-Lautrec in erster Linie Zeichner", beurteilte ein Kunstkritiker sein Gesamtwerk. Diese Klassifikation ist im Kern richtig, aber doch nicht ganz zutreffend. Das Oeuvre Lautrecs umfasst Grafiken und Bilder, die Übergänge sind fließend. Aber es ist natürlich richtig, dass „die Farbe für ihn ein Vehikel zum Transport graphischer Einfälle" war.

Als Maler lässt sich Toulouse-Lautrec in keine Schablone

pressen. Er war ein Außenseiter. Thematisch kann man ihn van Gogh zur Seite stellen, in der Leugnung klassischer Formprinzipien steht er den Expressionisten nahe, seine Plakatkunst ist in ihrer dekorativen Flächigkeit und formalen Knappheit vom japanischen Holzschnitt beeinflusst. Das charakteristischste Ausdrucksmittel seiner Bilder ist nicht die perfekte Vollendung des Werkes, sondern die Skizzenhaftigkeit der Ausführung eines Entwurfs, einer künstlerischen Intuition. Die Zeitgenossen nahmen daran Anstoß und brachten wenig Verständnis dafür auf. Darüber verärgert, äußerte sich Henri gegenüber einem Freund. „Die Leute regen mich auf. Sie wollen, dass ich die Sachen vollende. Aber ich sehe sie so und ich male sie so." Nichts sei leichter, setzte er hinzu, als Bilder in einem äußeren Sinn fertig zu machen. Und er demonstrierte diese Auffassung gleich auch an einem Beispiel.

Das grafische Genie des großen französischen Künstlers ist in Aberhunderten Blättern von unterschiedlichstem Format und von verschiedenster Qualität dokumentiert. Die Lithografie, weiß oder farbig, war Lautrecs wichtigstes Ausdrucksmittel. In dieser Sparte erbrachte er Spitzenleistungen, die ihn in eine Reihe mit seinem berühmten Landsmann Honoré Daumier stellen. Er brachte seine Eindrücke mit ein paar Strichen spontan zu Papier, die fertigen Zeichnungen waren dann zumeist das Resultat einer langen Serie von Veränderungen und Korrekturen. Lautrecs gebrauchsgrafische Arbeiten finden sich in Zeitschriften, auf den Programmzetteln von Theater- und Opernaufführungen, auf Buchumschlägen und den Notenausgaben von Chansons.

*Eine der vielen Entwürfe, die Toulouse-Lautrec für sein
berühmtes Plakat „Aristide Bruant" zeichnete*

Lautrecs ungeheuer großes illustratives Talent manifestiert sich am unmittelbarsten in der Plakatkunst, die er zur eigenständigen Kunstgattung erhob. Als er 1891 den Auftrag erhält, für das „Moulin Rouge" zum herbstlichen Saisonbeginn ein Werbeplakat zu gestalten, macht er sich mit Feuereifer an die Arbeit. Er entwirft eine Skizze nach der anderen, verändert, vereinfacht, korrigiert, testet Farbkombinationen, sucht das Papier aus, überwacht den Druckvorgang, kontrolliert die Abdrucke. Kaum prangt das fertige Produkt an den Pariser Hauswänden und wird, an einem Wagen befestigt, von einem Pferdegespann durch die Straßen gezogen, erregt es ungeheures Aufsehen. Die Menschen sind begeistert, einige Unentwegte laufen dem Reklamewagen nach und versuchen die Signatur des Künstlers darauf zu entziffern. Das Plakat macht Henri de Toulouse-Lautrec über Nacht stadtbekannt. Der große Erfolg hebt sein Selbstwertgefühl. Eine Reihe von anderen Werken folgt, die zum Besten gehören, was in diesem Genre in dieser Zeit produziert wurde.

Langsam stellt sich nun auch der Ruhm ein. Von seiner Zeichen- und Malkunst konnte Lautrec allerdings nicht leben. Obwohl seine Bilder in den Cafés und Restaurants von Montmartre hingen, er sich ab 1888 regelmäßig in Brüssel und Paris an Sammelausstellungen beteiligte und sein Freund Maurice Joyant Einzelausstellungen organisierte, hielt sich der Absatz seiner Werke trotz niedriger Preise in Grenzen. Eine monatliche Apanage seiner Familie enthob ihn jedoch aller materieller Sorgen und verschaffte ihm die künstlerische Unabhängigkeit, die er für sein unkonventionelles Schaffen benötigte.

Für das weibliche Geschlecht interessierte er sich brennend. Von schönen, großen Frauen schwärmte er. Sie waren für ihn, den von der Natur so schwer Gezeichneten, allerdings unerreichbar. Wenn ihm das zu Bewusstsein kam oder es ihm durch eine rasch hingeworfene Bemerkung deutlich gemacht wurde, machte er seinem körperlichen

Minderwertigkeitskomplex durch eine zynische Äußerung Luft. „In der Liebe ist es wie bei einem Jahrmarkt", bemerkte er dann ... „der Dümmste kann gewinnen". Oder: „Ich möchte auf dieser Erde die Frau gesehen haben, die einen Geliebten hat, der hässlicher ist als ich." In diesem einen Satz liegt die Pein beschlossen, die Verzweiflung, die ihm sein Gebrechen verursachte. Lebensgefährtin hat er keine gefunden.

Lautrecs Zeichnungen und Bilder sind voll von Frauengestalten. Animierdamen, Dirnen und Lesbierinnen saßen ihm Modell, in den Lokalen, die er aufsuchte, hielt er mit knappen Strichen die Tänzerinnen fest, die mit koketter Anmut ihre flinken Beine durch die Luft wirbelten und ihre Dessous zeigten. Mit einigen von ihnen war er befreundet, zu ein paar von ihnen soll er sogar intime Beziehungen unterhalten haben. Zum Tanzstar des „Moulin Rouge" Jane Avril etwa, zu deren Ruhm der Künstler mit Plakatdarstellungen nicht unerheblich beitrug. Dem rothaarigen Modell „Rosa la Rouge" (Rosa die Rote) wird nachgesagt, dem nach Liebe und Zärtlichkeit hungernden Maler eine Geschlechtskrankheit beschert zu haben.

Von Zeit zu Zeit verschwand der malende Zwerg von der Bildfläche und nahm in einem Freudenhaus Aufenthalt. Er erhielt dort gegen Bezahlung, was ein Mann von Zeit zu Zeit sucht. In diesen Häusern fühlte er sich wohl. Niemand stieß sich dort an seinem Aussehen, er war keinen mitleidigen Blicken ausgesetzt. „Ich höre immer Bordell!", bemerkte er einmal. „Und wenn schon! Nirgends fühle ich mich besser zu Hause."

Bei den Dirnen genoss er wenigstens die Illusion der Zuneigung. Er unterhielt sich mit ihnen, hörte geduldig zu, wenn sie ihm ihr Herz ausschütteten, tröstete sie, gab Ratschläge, nahm die Mahlzeiten mit ihnen ein, spielte mit ihnen Karten, lebte ihr Leben. „Monsieur Henri" wurde voll akzeptiert. Er sah ihnen beim Ankleiden zu, beobachtete ihre lesbischen Liebesspiele, bettete seinen Kopf zwischen ihren Brüsten, „in diesen weichsten aller Schals". Er zeichnete und malte unentwegt und hielt mit unerbittlicher Wahrhaftigkeit alles fest, ihre verwelkende Haut, ihre schweren Augenlider, ihre üppig geschminkten Gesichter. Nicht um anzuklagen. Diese Frauen waren für ihn keine Ausgestoßenen, sondern „Bürgerinnen der Liebe".

Die Serie der erotischen Bilder, die er in diesem Milieu schuf, sind keine pornografischen Werke. Er stellte sie nicht aus, er verkaufte sie nicht. Ein Großteil davon fand sich in seinem Nachlass. In Fragen der Sexualität gab es für ihn absolut keine Tabus. Über gleichgeschlechtliche Liebe äußert er sich einmal: „Finden Sie mir einen Mann, der besessener ist als ein Päderast und eine Frau, die verrückter ist als eine, die es nach einer anderen ist."

Henri de Toulouse-Lautrec war stets auch von Freunden umgeben, die seine Nähe suchten. Denn der klein gewachsene Maler war nicht nur geistreich und gesellig, sondern auch spendabel. Selbst im Urlaub und auf seinen Reisen war er stets in Begleitung. Trotz seiner körperlichen Behinderung reiste Lautrec gerne.

Seinen jährlichen Sommerurlaub verbrachte er am Atlantik oder auf Schloss Malromé, das seine Mutter angekauft hatte. Es lag am Meer, das er sehr liebte. Er war ein guter Schwimmer und ruderte gerne. Henri unternahm kurze Ausflüge zu den Stierkämpfen in das spanische San Sebastian, wo sich der Zirkusnarr weitere Anregungen für sein Schaffen holte, und besuchte Belgien, Holland und England. In London machte er die persönliche Bekanntschaft von Oscar Wilde, dessen aufdringliches Dandytum er ganz und gar abscheulich fand. Die Begegnung hielt er aus dem Gedächtnis in einer Karikatur fest, in der er die Persönlichkeit des affektierten Schriftstellers blitzlichtartig illustrierte.

Toulouse-Lautrec riss den Menschen die Maske vom Gesicht. Er beschönigte nichts. In seinen Bildern reflektiert

Ein Porträt von Oscar Wilde – das Dandytum des englischen Poeten stieß Toulouse-Lautrec ab.

sich das Milieu, in dem er verkehrte, die „comédie humaine" in ihrer ganzen Buntheit, Fratzenhaftigkeit und Hässlichkeit. „Überall und immer hat auch das Hässliche seine bezaubernden Aspekte; es ist erregend, sie dort zu finden, wo niemand sie bisher bemerkt hat", lautete einer seiner künstlerischen Grundsätze. Von Vornehmheit und vornehmem Getue hielt er wenig. Die Schönheit faszinierte ihn zwar, aber in seiner Bilderwelt drängt sie sich nicht auf. Sie ist nur im Verborgenen zu finden.

Kunst sei für Lautrec Ausdruck des Lebens gewesen, mehr noch, Ersatz für Leben, das ihm vorenthalten blieb, formulierte einer seiner Biografen.

Der Malerzwerg soff sich buchstäblich zu Tode. Unter dem Einfluss des Alkohols, den er in immer größeren Mengen wahllos zu sich nimmt – Weißwein, Rum, Vermouth, Champagner, Cocktails –, wird er in zunehmendem Maße nervöser, reizbarer, bissiger, ausfälliger. Seine Stimmung schlägt von einer Minute zur anderen von heiterer Ausgelassenheit in heftige Zornausbrüche und beängstigende Aggressivität um. Er stößt dann Schmähungen aus, schlägt wild um sich wird auch handgreiflich. Seine Freunde versuchen ihn zu beruhigen, abzulenken, zu zerstreuen. Aber alles Zureden hilft wenig oder doch nur vorübergehend. Der vorsichtigste Rat, die freundlichste Bemerkung kann ihn in Rage versetzen, unflätige Schimpforgien auslösen. Oft müssen nach einer durchzechten Nacht Polizisten den völlig Betrunkenen mit blutig geschlagener Nase, einem blauen Auge und einmal sogar mit einem gebrochenen Schlüsselbein nach Hause bringen.

Der immense Alkoholkonsum untergräbt natürlich die

ohnehin labile Gesundheit des Malers. Er hat Gleichgewichtsstörungen, leidet an Angstzuständen, an Sinnestäuschungen und Verfolgungswahn. Sein Gang wird schleppend, sein Blick trüb und ausdruckslos, er spricht unzusammenhängend, lallt undeutlich vor sich hin. Unter diesen Umständen mutet es geradezu wie ein Wunder an, dass Lautrec überhaupt noch den Pinsel führen und ein Bild zustande bringen kann. Aber er malt immer noch, produziert allerdings nur noch stoßweise und immer weniger. 1897 sinkt die Zahl seiner Bilder auf fünfzehn.

Seinem Schulfreund Joyant, der sich sehr um ihn kümmert, gelingt es ab und zu, ihn in hellen Momenten zu normalen Schritten und Handlungen zu bewegen. Freilich, wie sich dann im Nachhinein herausstellt, geht das nicht ohne Peinlichkeiten ab. Joyant vermittelt eines Tages ein Zusammentreffen des Malers mit dem abgedankten König Milan IV. Obrenović, der in Paris im Exil lebt. Milan hat die Absicht bekundet, ein Bild Lautrecs zu kaufen. Kaum hat der Zwerg den Salon betreten, in dem Milan IV. seine Besucher empfängt, zieht er alle Register seiner Manierenlosigkeit. Er schiebt die Diener zur Seite und geht mit seinem steifen Hut auf dem Kopf auf den Exmonarchen zu. Milan verzieht keine Miene und eröffnet die Konversation. Ob er von den Grafen Toulouse abstamme, die in den Kreuzzügen Ruhm auf sich gehäuft hätten, fragt er den ungehobelten Künstler. „Natürlich", antwortet dieser, „wir haben im Jahr 1100 Jerusalem und dann auch Konstantinopel besetzt." Und fügt dann beleidigend hinzu: „Sie sind ja schließlich nur ein Obrenović." Der Exkönig macht gute Miene zum bösen Spiel und wechselt das Thema. Um einen Skandal zu verhindern, bugsiert Joyant den unbeherrschten Freund, der sich nur langsam beruhigt, aus dem Palais.

Henri ist völlig unberechenbar geworden. Er sucht Bordelle auf, schüttet Unmengen Alkohol in sich hinein, liefert einen Exzess nach dem anderen. Dann malt, zeichnet und lithografiert er wieder, besucht Theater- und Opernvorstellungen, besichtigt in Begleitung seiner Freunde Irrenhäuser, den Zirkus, das Velodrom, fährt nach London zu einer Ausstellung seiner Werke, verbringt zur Linderung seiner immer stärker werdenden luetischen Beschwerden ein paar Sommermonate am Atlantik, mietet ein neues Atelier in Paris. Ein so hemmungsloser Umgang mit der Gesundheit, ein so ruinöser Lebenswandel muss früher oder später zur Katastrophe führen. Der klein gewachsene Maler betreibt Selbstmord auf Raten.

Ende Februar 1899 bricht Henri de Toulouse-Lautrec in der Rue des Moulins bewusstlos zusammen. Akuter Anfall von Delirium tremens. Man bringt ihn in eine Nervenklinik in Neuilly-sur-Seine, einer Stadt westlich von Paris. Die Einlieferung hat wahrscheinlich der mit ihm befreundete Arzt Dr. Henri Bourges veranlasst, der seine Syphilis behandelt.

Die erstklassige Anstalt ist in einem Schloss untergebracht, das von einem sechs Hektar großen Park umgeben ist. Lautrec wird auf Diät gesetzt. Als er das Bewusstsein wiedererlangt und sich in seinem Zimmer umblickt, sieht er, dass die Fenster vergittert sind. Der kleine, verdunkelte Raum wird nur von einer Öllampe erhellt. Wo befindet er sich, Himmelherrgott noch einmal? Er kann sich an nichts erinnern. Henri stößt einen Schrei aus, beginnt zu toben. Eine Tür wird geöffnet. Ein Mann tritt ein, versucht ihn mit sanfter Stimme zu beruhigen. Das muss ein Wärter sein. Man hat ihn in eine Irrenanstalt gesteckt! Diese Erkenntnis löst in ihm heftige Irritationen aus. Nur mühsam findet er seine Fassung wieder, nur langsam fügt er sich in die unerbittliche Realität.

Sein Zustand bessert sich allmählich. Nach einiger Zeit erlauben ihm die Ärzte, mit dem Wärter im Park spazieren zu gehen, wenig später darf er Besuche empfangen. Die ersten Besucher sind Joyant und die Mutter. Henri wirkt verhältnismäßig ruhig, vertreibt sich die Zeit bereits wieder ein wenig mit Zeichnen. Aber über die Internierung ist er extrem unglücklich. Er schickt einen Hilferuf an den Vater. „Papa, Sie haben die Gelegenheit, menschlich zu handeln. Ich bin eingesperrt, aber alles, was eingesperrt ist, stirbt!" Der Ruf verhallt ungehört. Unterdessen hat auch die Presse vom Aufenthalt des Malers in Neuilly Wind bekommen. Im Blätterwald beginnt es zu rascheln. „Die ordinären Ausschweifungen, die Herumtreibungen nach Art der Handelsreisenden", schreibt eine Zeitung, „die Toulouse gerne veranstaltete und zu denen er seine Freunde schleppte, haben nebst dem Ärger über seine körperliche Hässlichkeit und dem Gefühl der eigenen Verkommenheit ohne Zweifel nicht wenig dazu beigetragen, ihn ins Narrenhaus zu bringen." Mit seiner ungenierten Haltlosigkeit und seiner künstlerischen Unverblümtheit hat sich der Maler in Paris viele Feinde gemacht.

In seiner Zelle, die er nach und nach zum Atelier umfunktioniert hat, häufen sich die Bilder. Er porträtiert seinen Wärter, seine Mitinternierten mit ihren Schrullen und fertigt aus der Erinnerung mit erstaunlicher Präzision Kreidezeichnungen aus dem Zirkusleben an: Clowns, Seiltänzerinnen und -tänzer, Dompteure, Akrobaten, die nach seinem Tod von Joyant in Albumform veröffentlicht werden.

Wenn er sein Künstlertum unter Beweis stellt, so seine Überzeugung, werden ihn die Ärzte wohl entlassen. Das tun sie nach zweieinhalb Monaten auch, aber unter der Bedingung, dass ihm auch außerhalb der Anstalt ein ständiger Begleiter beigegeben wird. Er hat noch „Gedankenlücken", sie befürchten einen Rückfall in seine unselige Trunksucht. Die Angehörigen betrauen seinen Vetter Louis Pascal mit der undankbaren Aufgabe, das schwarze Schaf der Familie zu überwachen.

Pascal ist zurückhaltend, feinfühlig und ausgeglichen, für seine Aufgabe also bestens geeignet. Er fährt mit seinem Schützling zunächst an den Ärmelkanal, wo sich der Maler beim Fischen, Schwimmen und Segeln gut erholt und neue Kraft schöpft. Lautrec beginnt wieder zu arbeiten, aber er ist nicht mehr der Alte. Die Bilder, die er in den beiden letzten Lebensjahren malt, werden von der Kunstkritik unterschiedlich bewertet. Es fehle ihnen die bestechende, schwungvolle Linie und klar umrissene Bildvorstellung, sie seien „beklemmende, schwerfällige Spätlinge", meinen die einen, die anderen argumentieren, das Lebenswerk des Künstlers ende mit einem seltsamen Pathos, kaum vom Sarkasmus berührt, mit einem tragischen Klang. Eine Verlagerung in das Malerisch-Flächige, ein neuer Malstil ist unverkennbar.

Henri de Toulouse-Lautrec wird bald rückfällig. Er beginnt heimlich wieder zu trinken. Während seiner Morgentoilette füllt er einen ausgehöhlten Spazierstock mit Knauf, den man als Becher verwenden kann, mit Rum oder Cognac und lässt bei jeder Gelegenheit den Inhalt durch die durstige Kehle rinnen. Pascal kommt ihm nicht gleich auf die Schliche, aber was soll er auch dagegen tun? Er ist machtlos.

Anfang Dezember 1900 mietet Lautrec in Bordeaux ein Atelier und malt nach dem Besuch einer Operette sechs Gemälde. „I am satisfied" (ich bin zufrieden), schreibt er Joyant. Sein Gesundheitszustand ist allerdings alles andere als zufrieden stellend. Mitte April 1901 kehrt er nach Paris zurück, sichtet sein Gesamtwerk, signiert, was er für gut hält, sortiert aus und zerreißt, was ihm nicht gefällt. Künstlerische Endabrechnung.

Toulouse-Lautrec nimmt kaum noch etwas zu sich, magert ab, ist nur noch ein Schatten seiner selbst. Mitte Juli verlässt er Paris. Es ist ein Abschied für immer. Einen Monat später lähmt ein Schlaganfall seinen abgemagerten Körper. Die Mutter nimmt den Sohn zu sich auf Schloss Malromé. Man fährt ihn im Park spazieren, zu den Mahlzeiten schiebt man ihn im Rollstuhl an den Tisch heran. Der kaum 37-Jährige weiß, dass er sterben muss. Auf Wunsch der frommen Mutter lässt er zu, dass ihn ein Priester besucht. Der Todkranke kann den Pinsel nicht mehr halten, aber als ihm der Hausarzt das Malen verbietet, keimt noch einmal der alte Sarkasmus in ihm auf. „Sie sind ein Arzt?", sagt er mit fast tonloser Stimme. „Was für ein guter Arzt! Wie klug ist es, einem Sterbenden seine letzte Freude verbieten zu wollen."

Am Sterbebett findet sich dann auch der Vater ein. Als er in das Zimmer tritt, sieht ihn der Sohn eine Weile an und bemerkt dann mit spöttischer Verachtung: „Ich hab ja gewusst, Papa, dass Sie das Halali nicht versäumen würden." Ein paar Verwandte kommen, die Mutter und eine

Klosterschwester erweisen ihm letzte Liebesdienste, ein Priester spendet ihm das Sterbesakrament. Am 9. September 1901, um 2 Uhr 15 morgens, schließt Henri de Toulouse-Lautrec für immer die Augen. Der Sarg mit seinem Leichnam wird auf dem Friedhof von Saint-André-du-Bois in die Erde gesenkt und später auf dem Gottesacker des benachbarten Wallfahrtsortes Verdelais in der Gironde zur letzten Ruhe gebettet.

Ein Teil der Pariser Presse verfolgte selbst noch den Toten mit gnadenloser Gehässigkeit. Ein Blatt schrieb: „Ein Glück für die Menschheit, dass es nicht viele Künstler seiner Art gibt. Lautrecs Begabung – denn es wäre lächerlich, sie zu leugnen – war eine bösartige, verderbliche und beklagenswerte Begabung."

Auch der Vater schmähte seinen Sohn, den er für missraten hielt und verachtete, wenn auch nicht auf so verwerflich-drastische Weise. Der kauzige Graf überließ seine väterlichen Erbschaftsrechte an Maurice Joyant. Er gedenke nicht, jetzt da sein Sohn tot sei, sich zu bekehren und in den Himmel zu heben, was er sich zu seinen Lebzeiten nicht anders zu erklären vermochte denn als dreiste, äußerst gewagte Atelierstudien, schrieb er dem Jugendfreund und emsigsten Förderer des ungewöhnlichen französischen Malers.

Graf Alphonse de Toulouse-Lautrec-Monfa starb 1912. Zu diesem Zeitpunkt erzielten die Bilder seines Sohnes bei Auktionen bereits Höchstpreise.

GOTTFRIED KELLER
Der zwergenhafte Literat

Auf ein paar Zentimeter Körpergröße mehr oder weniger kommt es in seinem Fall wirklich nicht an. Ob er 140 Zentimeter maß oder 145, wie man auch lesen kann, spielt keine Rolle. Gottfried Keller war ein Gnom. Sein zwergenhafter Wuchs bestimmte seine Persönlichkeit, seinen Charakter, sein Leben. Wer so klein ist, wird von den Menschen leider oft gering geschätzt, verhöhnt, verachtet. Er muss sich beweisen, behaupten, zeigen, was in ihm steckt, was er kann, was für ein Prachtkerl er ist. Er muss, will er ernst genommen werden, etwas gelten, den anderen imponieren, sei es durch auffälliges Benehmen oder durch die Zurschaustellung besonderer körperlicher oder geistiger Leistungen. Gottfried Keller sublimierte seinen körperlichen Minderwertigkeitskomplex durch künstlerische, in seinem Fall literarische Größe. Er stellte aber auch und gar nicht einmal so selten, zumeist im betrunkenen Zustand, seine Kraft zur Schau. Raufhändel ziehen sich wie ein roter Faden durch seine Biografie.

Der große Schweizer Schriftsteller wurde am 19. Juli 1819 in Zürich als Sohn eines Drechslermeisters geboren. Der Vater, Hans Rudolf Keller, war nicht nur ein tüchtiger Handwerker. Er hatte vielseitige geistige Interessen, er zeichnete und schrieb gelegentlich Gedichte, war ungeheuer bildungsbeflissen, theaterbegeistert und weltoffen. Sein Blick reichte über den sprichwörtlichen Kantönligeist, der Schweizer weit hinaus. Er vertrat gemäßigt liberale Ideen, ohne sich indessen aktiv politisch zu betätigen. Rudolf Keller legte dem Sohn seine künstlerische Veranlagung in die Wiege. Auf dessen Erziehung konnte er schon deshalb keinen entscheidenden Einfluss nehmen, da er starb, als der kleine Gottfried fünf Jahre alt war. Die Tragweite des Verlustes wird dem Knaben im Augenblick des Todes wohl kaum bewusst geworden sein. Seine Kindheit und frühe Jugend war aber mit Gewissheit davon bestimmt.

Gottfried Kellers Mutter, die in siebenjähriger Ehe sechs Kinder zur Welt brachte, von denen nur der Sohn und seine um drei Jahre jüngere Schwester Regula am Leben blieben, war die Tochter eines Landarztes. Im Gegensatz zu ihrem idealistisch veranlagten Mann stand sie fest auf dem Boden der Realität, war nüchtern, gemütskarg und sparsam. Zärtlichkeit hatte in ihrem herben Wesen keinen Platz, hohlem Wortgeklingel und Gefühlsduselei war sie zutiefst abhold.

Elisabeth Keller erzog ihre Kinder streng zur Wahrhaftigkeit und Religiosität. Sie sorgte für deren leibliches Wohl, konnte sich aber darüber hinaus nicht viel um sie kümmern. Die knapp aufeinander folgenden Geburten, die Obsorge für den Ehegatten, der dreiunddreißigjährig an der Lungenschwindsucht starb, und die Führung des Haushaltes nahmen sie voll in Anspruch. Nach dem Tod ihres Mannes musste sie das verschuldete Haus mit Ausnahme des oberen Stockwerkes vermieten und Kostgänger aufnehmen. Für Sohn und Tochter blieb da wenig Zeit.

Um die Drechslerwerkstatt weiterführen zu können, heiratete sie im Frühjahr 1826 den ältesten Gesellen, von dem sie sich jedoch 1834, acht Jahre später, wieder scheiden ließ. Diese zweite, unglückliche Ehe fiel in die Zeit, in der Gottfried vom Kind zum pubertierenden Jüngling heranwuchs. Die elterlichen Konflikte und das friktionsreiche Verhältnis zum Stiefvater, den der trotzige Knabe nicht akzeptierte, haben die charakterliche Entwicklung Gottfrieds zweifellos stark beeinflusst.

Der Mutter blieb der Sohn zugetan. Sie war zeitlebens seine Bezugsperson, wiewohl beide keineswegs ein inniges Verhältnis verband. Die Mutter-Sohn-Beziehung war von nüchterner Zuwendung geprägt, wobei der Filius auch im Erwachsenenalter der nehmende Teil war. Gottfried Keller lag der Mama buchstäblich auf der Tasche. Bis weit in sein Mannesleben hinein ohne gesicherte Existenz und fixes Einkommen, wurde er von der Mutter finanziell unterstützt und versorgt, obwohl sie für seine künstlerischen Ambitionen wenig Verständnis hatte. Gottfrieds Schwester Regula assistierte ihr dabei nach Kräften.

Regula Keller, von der Natur nicht gerade verschwenderisch ausgestattet, war in ihrer Jugend eine muntere, lebenslustige Frau. Obwohl sie alles andere als attraktiv war, erhielt sie Heiratsangebote, die sie jedoch ausschlug. Sie zog es vor, im mütterlichen Haushalt zu verbleiben. Um das karge Haushaltsbudget ein wenig aufzubessern, verrichtete sie Schneiderarbeiten und war dann auch als Verkäuferin in einem Schirmgeschäft tätig. Im Laufe der Jahre entwickelte sie sich zu einer sauertöpfischen alten Jungfer, die, in ihren Pflichtenkreis eingesponnen, ein fremdbestimmtes, entbehrungsreiches Leben führte. Ohne ausreichende Schulbildung geblieben, brachte sie der künstlerischen Tätigkeit des Bruders geringes Interesse entgegen und nahm nur dann und wann einmal eines seiner

Bücher in die Hand; um einen Blick darauf zu werfen. Aber sie sorgte gemeinsam mit der Mutter für seinen Unterhalt und sein Auskommen. Ohne die Opferbereitschaft der beiden Frauen hätte es Gottfried ungleich schwerer gehabt, seinen Weg als Schriftsteller und Maler zu gehen.

Im Haus der Mutter war Schmalhans Küchenmeister und es ging dort keineswegs kultiviert zu. Der Umgangston war barsch, von einer gemütlichen, heimeligen Atmosphäre konnte keine Rede sein. Der Künstler, der von seiner Arbeit nicht leben konnte, musste sich wohl oder übel damit abfinden. Er tat es auch und wusste es letztlich sehr zu schätzen, dass die Schwester, die nach dem Tod der Mutter 24 Jahre lang den Haushalt führte, ihn betreute und ihr Leben ganz in seinen Dienst stellte. Als sie schwer erkrankte und es mit ihr zu Ende ging, sorgte er sich sehr um sie und ließ ihr den Beistand angedeihen, den sie benötigte. Zwei Jahre nach ihrem Hingang starb auch er.

Gottfried Kellers Kindheit war wohl vom Tod des Vaters überschattet, aber im kleinstädtischen Zürich hatte der Knabe genug Freiraum, um mit den Nachbarkindern auf der Straße zu spielen, auf Dachböden herumzukriechen oder sich bei den Mietern im Haus der Mutter ein wenig umzusehen, die die verschiedensten handwerklichen Berufe ausübten. Es wohnten da ein Kupferdrucker, ein Flickschuster, ein polnischer Emigrant, ein Hafner, ein Büchsenmacher, ein Küfer und ein kinderloses Trödlerehepaar, bei dem er sich von Zeit zu Zeit für ein paar Stunden besonders gerne aufhielt. In der Wohnung der beiden wunderlichen alten Leute türmten sich die seltsamsten Dinge zuhauf, die die Neugier des Kindes erregten: alter Haus-

Das Geburtshaus von Gottfried Keller in der Zürcher Altstadt

rat, Waffen, Kruzifixe, Uhren verschiedenster Größe und Machart, Bilder, Holzschnitte, Bibeln, Reisebeschreibungen. Das Regiment über diesen Antiquitätenladen führte einschließlich ihres Mannes eine Frau Anna Hotz, die den kleinen Gottfried in ihr Herz schloss und gewissermaßen in die Rolle der Großmutter schlüpfte. Sie erzählte ihm,

wenn er sie aufsuchte, von Hexen und Geistern, Gespens-
tern, Dämonen und Teufeln mit langen Schwänzen, und
der Knabe hörte ihr, zu ihren Füßen sitzend, mit offenem
Mund zu. „Was ich hörte", berichtet Keller, „beschränkte
sich nicht allein auf diese übersinnliche Fabelwelt." Frau
Hotz tischte ihren Besuchern auch heitere und ernste Geschichten aus ihrem und ihres Mannes langem Leben auf,
in dem sich die Welt mit ihren Ungerechtigkeiten, ihren
Gefahren, Nöten und Niederträchtigkeiten spiegelte. Aus
diesen Erzählungen und den Erlebnissen im Vaterhaus
lernte er schon im zarten Kindesalter mit illusionsloser Ein-
dringlichkeit die Erwachsenenwelt in ihrer ganzen Profa-
nität kennen.

Die erste Bildung wurde Gottfried in einer von einem
gemeinnützigen Verein gegründeten Armenschule zuteil,
in die ihn die Mutter schickte. Er erlernte dort neben be-
dürftigen Kindern aus anderen Familien unentgeltlich und
spielend die Anfangsgründe des Lesens, Schreibens und
Rechnens. Obwohl er gleich am ersten Tag wegen einer
kleinen Verfehlung vom Lehrer gezüchtigt wurde, fand er
den Unterricht vergnüglich. Anschließend besuchte er von
1831–1833 das so genannte Landknabeninstitut, eine hö-
here Schule, die jedoch nicht auf ein Studium vorbereite-
te, sondern für junge Menschen gedacht war, die später ein
Gewerbe ausüben oder im Handel tätig sein wollten.

Gottfried fühlte sich an der neuen Schule unter den Söhnen aus vornehmem Haus, die besser gekleidet waren und
gepflegtere Manieren hatten, keineswegs wohl. Geistig war
er seinen Mitschülern durchaus ebenbürtig, wenn nicht sogar überlegen. Aber die gesellschaftliche Zurücksetzung,
die er zu erdulden hatte, traf ihn hart. Er ist mit seiner fa-

miliären Abkunft sein Leben lang nicht zurechtgekommen.

Auch dem Unterricht, dessen Hauptakzent auf den Realien lag, konnte er wenig abgewinnen. Sein Interesse galt der Sprache und der Kunst. In dieser Zeit schrieb er erste Verse und kleine Dramen, wirkte bei Theateraufführungen mit und begann zu malen.

Ab 1833 besuchte der Vierzehnjährige die erste Klasse der kantonalen Industrieschule, die kurz zuvor eröffnet worden war. Er widmete sich mit Eifer dem Fremdsprachenunterricht (Französisch, Englisch, Italienisch), legte auch in den übrigen Fächern Fleiß an den Tag und betätigte sich im Kadettenkorps der Schule als Tambour. Sein Zeugnis über die erste Klasse konnte sich durchaus sehen lassen, wenn es auch die Bemerkung erhielt, er möge sich gegenüber den Lehrern eines bescheideneren Tones befleißigen.

Seine rebellische Keckheit sollte dem Pubertierenden bald zum Verhängnis werden. Im Sommer 1834 organisierten Schüler der dritten Klasse gegen einen unbeliebten Lehrer einen Demonstrationszug. Sie zogen randalierend zu seiner Wohnung, um von ihm Schreibhefte zurückzufordern, die er eingesammelt hatte, um sie zu Hause zu korrigieren. Keller, der damals die zweite Klasse besuchte, war gerade auf dem Heimweg, als die Schülerschar an ihm vorbeizog. Man forderte ihn auf mitzukommen, was der Junge, ohne zu überlegen, tat. Im weiteren Verlauf der Aktion kam es zwischen den demonstrierenden Schülern und den Söhnen des Lehrers zu einer Prügelei. Fensterscheiben wurden eingeschlagen, die Hausfassade beschädigt.

Bei der Untersuchung der Vorfälle durch eine schulbehördliche Kommission wurde der kleine, aufmüpfige Gottfried der Rädelsführerschaft bezichtigt und von der Schule verwiesen. Diese ungerechte Entscheidung hat das weitere Leben Gottfried Kellers entscheidend beeinflusst. Noch der Erwachsene hat darunter gelitten. „Wenn über die Rechtmäßigkeit der Todesstrafe ein tiefer und anhaltender Streit obwaltet", konstatierte er, „so kann man füglich die Frage stellen, ob der Staat ein Recht hat, ein Kind oder einen jungen Menschen, die gerade nicht tobsüchtig sind, von seinem Erziehungssysteme auszuschließen ..." Und abschließend stellte er fest: „Denn ein Kind von der allgemeinen Erziehung auszuschließen, heißt nichts anderes als seine innere Entwicklung, sein geistiges Leben zu köpfen."

Privatunterricht für ihren Sohn konnte sich die Mutter nicht leisten. Was sollte der Junge nun anfangen, was aus ihm werden? Diese Frage beschäftigte die Mutter natürlich mehr als den unmündigen Knaben.

Nach seinem Hinauswurf aus der Schule verbrachte Gottfried einige Wochen bei seinem Onkel Dr. Heinrich Scheuchzer in Glattfelden im Kanton Zürich, der neben seinem Arztberuf auch eine Landwirtschaft betrieb.

Das Landleben sagte ihm zu. Er machte Wanderungen, ging baden, begleitete den Onkel auf der Jagd und half bei der Feldarbeit. Natürlich war er auch bei Belustigungen mit von der Partie, etwa beim Erntedankfest, bei dem er, wie er der Mutter berichtete, auch „viel badisches Bier trank". Die Schulangelegenheit bereitete ihm keinen allzu großen Kummer, indessen sich die Mutter um die Zukunft ihres Sohnes sorgte. Von dessen Absicht, Landschaftsmaler zu werden, war sie alles andere als begeistert. Die realistisch denkende Frau war fest davon überzeugt, dass man von einem künstlerischen Beruf nicht leben könne. Dennoch tat sie alles, um dem Wunsch des Sohnes zu entsprechen, zumal sich auch ihr Bruder, der die Vormundschaft des Knaben übernommen hatte, dafür aussprach.

Noch im Herbst 1835 trat Gottfried Keller beim Kunstmaler Peter Steiger in die Lehre ein. Steiger besaß ein „Kunstinstitut" und trieb einen schwunghaften Handel mit lithografischen und kolorierten Schweizer Ansichten. Für die Ausbildung eines jungen Maltalentes war er weder pädagogisch noch fachlich geeignet. Er brachte seinem Schüler weder die handwerklichen Grundlagen und Grundbegriffe der Malerei bei noch verfolgte er ein didaktisches Konzept für dessen künstlerische Entwicklung. Zumeist sich selbst überlassen, kopierte Keller Vorlagen und ließ seiner Fantasie freien Lauf. Das Ergebnis waren schnell hingeworfene Tusch- und Kreidezeichnungen mit gespenstischen Landschaften, in denen bizarre Felsformationen und fratzenhafte Wurzelstöcke einander an Ausgefallenheit überboten.

Der „Kunststudent" wurde seiner Ausbildung bald überdrüssig, blieb dem Unterricht fern und richtete auf dem Dachboden seines Wohnhauses ein eigenes Atelier ein. Dort trieb er an einem auf einem Friedhof entwendeten Totenschädel Anatomiestudien und las Jean Paul, seinen damaligen Lieblingsdichter. Die Mutter ließ den Jungen offenbar gewähren. Sie erhob jedenfalls keine Einwände, als der Sohn bei einem anderen Lehrer seine Ausbildung fortsetzte, den er im Frühsommer 1837 kennen lernte. Im Gegensatz zu Steiger war Rudolf Meyer so etwas wie ein verrücktes Malgenie. Keller, der bei ihm vom November 1837 bis März 1838 Unterricht nahm, den die Mutter finanzierte, machte innerhalb kurzer Zeit große Fortschritte. Er erlernte unter der kundigen Anleitung des Lehrers, der ihm mit Nachdruck Naturstudien nahe legte, die Aquarelltechnik. Meyer verdankte er auch die Bekanntschaft mit Homer und dem italienischen Renaissancedichter Ariost. Die fruchtbare Lehrer-Schüler-Beziehung fand ein rasches Ende, als Meyer in einem Anfall von Irrsinn Zürich plötzlich verließ und nicht mehr wiederkehrte.

Der unfertige, charakterlich ungefestigte Jüngling war wieder auf sich allein gestellt. Keller vertrieb sich die Zeit mit eher wahlloser Lektüre, malte Landschaften und lebte in den Tag hinein. Vom Geldverdienen war keine Rede, die Mutter sorgte weiterhin für sein körperliches Wohlbefinden. Die Zeit verging, und ehe er sich besann, war er zwanzig Jahre alt geworden. „Nun bin ich zwanzig Jahre alt, und kann noch nichts, und stehe immer auf dem alten Flecke, und sehe keinen Ausweg fortzukommen, und muss mich da in Zürich herumtreiben, während andere in diesem Alter schon ihre Laufbahn begonnen haben", stellte er selbstkritisch fest.

Konsequenzen zog er vorerst keine. Aber das Ziel, das er sich gesetzt hatte, gab er nicht auf: er wollte seine Malstudien fortsetzen und zwar an einer Kunstakademie. Als Studienort schwebte ihm München vor. Die Aufenthalts- und Studienkosten wollte er aus dem großmütterlichen Erbe bestreiten, das ihm nach deren Tod zugesprochen wurde. Die Mutter stimmte zu, den Vormund konnte er nur mit Mühe für den Plan gewinnen.

Er nahm alles nach München mit, was er benötigte: die Malutensilien, viele Bücher, darunter zwei Bände Goethe und Adolf Knigges „Über den Umgang mit Menschen". Gute Vorsätze für höfliches Benehmen standen ihm gut an. Gottfried Keller hatte ein knorriges Wesen, er war oft barsch und kratzbürstig bis zur Beleidigung. Schmeicheleien kamen ihm nicht über die Lippen.

In München bezieht Gottfried Keller ein geräumiges Zimmer in einem zentral gelegenen Wohnhaus. Es ist behaglich eingerichtet, der Mietzins verhältnismäßig günstig. Er fühlt sich wohl, die Stadt an der Isar gefällt ihm. Es ist das München König Ludwigs I. von Bayern, das der bislang erfolglose Schweizer Maler zu sehen bekommt. Der schöngeistige Monarch hat sich bei seinem Regierungsantritt im Jahr 1825 vorgenommen, seine Residenzstadt zu einer Kunstmetropole um- und auszubauen. Viele seiner Baupläne sind 1840 bereits verwirklicht, andere harren noch der Fertigstellung. An allen Ecken und Enden wird gebaut, regt sich städtisches Leben. Im Vergleich zu München ist Zürich ein Provinznest. Gottfried Keller ist beeindruckt. „Ich befinde mich sehr wohl hier", schreibt er der Mutter, „man kann über die Straße gehen, ohne daß man von allen Seiten begafft oder für stolz ausgeschrieen wird; kommt man aber mit den Leuten in Berührung, so sind sie höflich und gefällig." Die Münchnerinnen beurteilt er abfällig. Er findet selbst die bürgerlichen Weibsbilder ungemein roh. „Sie fluchen und schimpfen, wie bei uns die Stallknechte, und sitzen alle Abend in der Kneipe und saufen Bier", berichtet er. Beachten sie den zwergenhaften Fremden nicht oder entsprechen sie tatsächlich nicht seinem idealistischen Frauenbild?

Keller verkehrt zunächst im Kreis seiner Schweizer Landsleute, zu denen er Freundschaften knüpft. Mit einem von ihnen, Johann Salomon Hegi, bleibt er bis zu dessen Tod in brieflicher Verbindung. Mit den Freunden unternimmt er Zechtouren, feiert mit ihnen lärmende Kommerse, beteiligt sich an Raufereien, treibt allerhand Schabernack und genießt sein ungebundenes Studentenleben in vollen Zügen. Das kann er sich auf die Dauer freilich nicht leisten. Er lebt über seine Verhältnisse. Allmählich wird das Geld knapp, und als er im August 1840 an Typhus erkrankt, steht er nach der medizinischen Behandlung mittellos da.

Die Mutter, der er in beinahe jedem Brief seine finanzielle Misere klagt, schickt ihm den Rest seiner Erbschaft und lässt es an Ermahnungen nicht fehlen. Den Herrn Sohn kümmert es wenig. Er presst die arme Frau schamlos aus, gaukelt ihr vor, „Eleve der königlichen Akademie" zu sein. In Wahrheit geht er keinem geregelten Unterricht nach, ist ohne maßgebende künstlerische Betreuung, macht kaum Fortschritte. Er malt ein paar Bilder, die er nicht an den Mann bringt, er macht Schulden, leidet Not, ist verzweifelt. Aber er führt sein Bohemeleben weiter und wird immer wieder vom „Teufel des Müßiggangs" geplagt. Zuletzt ersucht er die Mutter sogar darum, ihr Haus mit einer Hypothek von 500 Gulden zu belasten, um sein Studium fortsetzen zu können. Frau Keller schickt ihm geliehene 300 Gulden und bemüht sich vergeblich, eines seiner Bilder zu verkaufen, das er ihr zusendet.

Im Herbst 1842 ist der verbummelte Kunststudent völlig am Ende. Bar aller finanziellen Mittel verbringt er zwei Tage hungernd im Bett. Er verkauft ein paar Habseligkeiten, einen Ring, seine Flöte und bequemt sich zu guter Letzt dazu, für die bevorstehende Hochzeit des Kronprinzen mit einer preußischen Prinzessin Fahnenstangen zu bemalen, um wenigstens ein paar Gulden zu verdienen. Im September 1842 wird ihm das bescheidene Zimmer, in dem er zuletzt gewohnt hat, aufgekündigt, da er seit Monaten die Miete nicht bezahlt hat. Wohltätige Freunde helfen ihm, nach Hause zurückzukehren. Zwei Jahre zuvor hatte er die mütterliche Bitte, heimzukehren, herrisch zurückgewiesen. Er habe seine Bahn angetreten und werde sie vollenden, selbst wenn er in München Katzen fressen müsste, ließ er sie wissen. Jetzt steht der 23-Jährige mittellos, blass und ausgezehrt vor ihrer Haustür. Die Mutter nimmt ihn mit offenen Armen auf.

Da das Dachstübchen im mütterlichen Haus am Rindermarkt in Zürich für seine riesigen Malkartons zu klein ist, mietet Gottfried Keller (mit welchem Geld?) in der Nähe ein Atelier. Obwohl er in München Schiffbruch erlitten hat, denkt er nicht daran, das Malen aufzugeben. Noch nicht. Heizmaterial ist nicht in hinreichendem Maße vorhanden, er friert, fühlt sich elend, ist ohne inneren Antrieb. Er verbringt die meiste Zeit mit Lesen und Schreiben, die Mutter kocht, wäscht und näht für ihn.

Gottfried Keller wird von Zweifeln gepeinigt. Hat er den richtigen Weg eingeschlagen? Schon als Halbwüchsiger hat er die Lust verspürt, seine Gedanken zu Papier zu bringen, seine Erlebnisse und Gedanken schriftlich festzulegen, sich mitzuteilen. Nun fasst er den Vorsatz, einen „kleinen, traurigen Roman" zu schreiben. Der geistige Grundstein für seine Laufbahn als Schriftsteller ist damit gelegt.

Es bleibt zunächst beim Vorsatz. Er schreibt nur ein paar Seiten nieder und wendet sich dann anderem zu. „Der grüne Heinrich", sein Hauptwerk, einer der bedeutendsten Bildungs- und Entwicklungsromane des 19. Jahrhunderts, wird erst Jahre später entstehen.

Die Roman-Idee des malenden Müßiggängers wird von einer „klangvollen Störung" durchkreuzt. „Eines Morgens, da ich im Bette lag, schlug ich den ersten Band der Gedichte Herweghs auf und las. Der neue Klang ergriff mich wie ein Trompetenstoß." Gottfried Keller beginnt Verse zu schreiben, die wie ein Sturzbach aus ihm herausquellen. Vorbilder für seine lyrischen Ergüsse sind neben Georg Herwegh Anastasius Grün und Ferdinand Freiligrath. Die beiden Letztgenannten sind als politische Flüchtlinge nach Zürich gekommen. Auch der russische kommunistische Agitator und Sozialist Wilhelm Weitling weilt in der Stadt. Es ist die Zeit, in der es in der Schweiz zwischen zwei Kantonsgruppen, den konservativen und katholisch-klerikalen (Luzern, Uri, Schwyz, Freiburg, Wallis usw.), die sich 1845 zu einem Sonderbund zusammenschlossen, und den liberalen und freisinnigen (Zürich, Aargau, Graubünden, Bern etc.) zu heftigen Auseinandersetzungen kam, die 1847 im Sonderbundkrieg mit dem Sieg der Letzteren endeten.

Gottfried Keller ergreift auf Seiten der Freisinnigen und des Freiheitssturmes, der Zürich durchweht, leidenschaftlich Partei. Die Revolution wird zur Triebfeder seines literarischen Schöpfertums. „Das Pathos der Parteileidenschaft war eine Hauptader meiner Dichterei und das Herz klopfte mir wirklich, wenn ich die zornigen Verse skandierte", urteilt er später. Er stößt zum Kreis der literarischen Vormärzflüchtlinge, verfasst glühende Freiheitsgedichte und macht die Freischärlerzüge gegen Luzern mit, wo die Regierung den Jesuiten den Religionsunterricht überantwortet hat. Zu Kampfhandlungen kommt es allerdings nicht.

Nach einigen Jahren weicht die politische Rhetorik Na-

*Gottfried Keller in jungen Jahren – er war ein Mann mit
versonnenem Blick und aufbegehrendem Wesen.*

turschilderungen und Liebesliedern, die sich durch Klarheit der Sprache, Tiefe des Empfindens, ausdrucksstarke Bildhaftigkeit und lebendigen Rhythmus auszeichnen. Sie werden gedruckt, finden auch außerhalb der Schweiz Beachtung.

Sein Leben hat sich verändert, nicht aber sein Lebensstil. Wenn er Liebeskummer hat oder depressiv gestimmt ist, ertränkt Gottfried Keller seinen Kummer in Alkohol und verprügelt dann gleich auch den einen oder anderen Zeitgenossen, der sich mit ihm anlegt.

Politisch schlägt er gemäßigtere Töne an. In seinem Tagebuch findet sich unter dem Datum vom 20. September 1847 die Notiz: „Aus einem vagen Revolutionär und Freischärler à tout prix habe ich mich ... zu einem bewussten und besonnenen Menschen herangebildet, der das Heil schöner und marmorfester Form auch in politischen Dingen zu ehren weiß ...“

Um diese Zeit bemüht er sich sogar, etwas zu verdienen. Er arbeitet in der Züricher Staatskanzlei als Stadtschreiber, indes sich Mutter und Schwester zu einem Landaufenthalt begeben, wo Regula von einer schweren Erkrankung Erholung sucht.

Die revolutionären Ereignisse des Jahres 1848 elektrisieren ihn. „Ungeheuer ist, was vorgeht, Wien, Berlin, Paris hinten und vorn, fehlt nur noch Petersburg. Wie unermesslich auch alles ist, wie überlegen, ruhig, wie wahrhaft vom Gebirge herab können wir arme, kleine Schweizer dem Spektakel zusehen!“, notiert er.

1848 ist auch eine Art Revolutionsjahr in seinem Leben. Über Vorschlag zweier deutscher Universitätsprofessoren, die sein großes dichterisches Talent erkannt haben, bewilligt ihm der Erziehungsrat des Kantons Zürich ein Stipendium von 800 Franken zum Studium an einer deutschen Universität. Gottfried Keller entschließt sich, nach Heidelberg zu gehen.

Am 19. Oktober 1848 nimmt Gottfried Keller Abschied von Mutter und Schwester, drei Tage später erreicht er das romantische Städtchen am Neckar, das seit 1386 eine Universität beherbergt. Der kleine Schriftsteller mit dem großen Kopf, der mächtigen Stirn und dem kräftigen, gedrungenen Körper, der auffällig mit den kurzen Beinen kontrastiert, quartiert sich bei armen Leuten ein. „Über den Luxus des Zimmers, welches ich hier bezogen habe", schreibt er der sparsamen Mutter, könntest Du Dich nun nicht beklagen, wenn Du es sehen würdest, liebe Mutter; es gehört zu den einfachsten, welche hier aufzutreiben sind. Ich habe einen Klafter Holz gekauft; die Heizungen sind miserabel hier. Es ist merkwürdig, wie dumm in dieser Beziehung so eine ganze Stadt sein kann."

Über die Stadtbewohner weiß er nichts Gutes zu berichten. In Tübingen lebe ein lumpiges, liederliches Volk zum Großteil von den Studenten, die halbe Bevölkerung laufe in Fetzen herum.

Kaum zu glauben, Gottfried Keller hat Heimweh. „Wenn die Züricherzeitung nicht wäre", jammert er, „so müsste ich schlechterdings hier zugrunde gehen und sterben aus Mangel an Neuigkeiten aus der Heimat." Er sucht und findet Anschluss an studierende Landsleute und Malerkollegen und wird in der neuen Umgebung dann doch bald heimisch.

Keller ist nach Heidelberg gekommen, um an der Universität Vorlesungen zu besuchen, und das tut er auch, wenn er auf dem Weg dorthin nicht in einer Kneipe landet. Um sich für seine dramatischen Pläne Anregungen zu holen, treibt er historische Studien, die er aber bald aufgibt, weil er sie für seine Zwecke für zu unergiebig hält. Er besucht Vorlesungen über Recht, Anthropologie, Ästhetik und Literaturgeschichte und freundet sich ganz besonders mit dem Literaturwissenschaftler Hermann Hettner an, mit dem er bis zu dessen Tod in ständigem Kontakt bleibt. Für sein weiteres Leben als Schriftsteller und seine geistige Entwicklung entscheidend wird die Bekanntschaft mit den Ideen des Religionsphilosophen Ludwig Feuerbach. Feuerbach, ursprünglich ein Hegel-Schüler, hat mit ein paar theologiekritischen Werken (u.a. „Wesen des Christentums", 1841) im reaktionären Vormärz Anstoß erregt. Da ihm ein Lehrstuhl an einer deutschen Universität verwehrt bleibt, hält er in der Zeit vom Dezember 1848 bis März 1849 in Rathaussaal von Heidelberg eine Reihe von Vorlesungen, die großen Zuspruch finden. Zu seinen Zuhörern gehört auch Gottfried Keller, der den Gedankengängen des Philosophen zunächst kritisch gegenübersteht, sich aber in zunehmendem Maße von ihnen beeindruckt zeigt. Das bekennt er in einem Brief an den mit ihm befreundeten Musiker Wilhelm Baumgartner. „Obgleich ich den Scharfsinn seiner Gedanken zugab", schreibt er ihm, „führte ich doch stets eine Parallelreihe eigener Gedanken mit; ich glaubte im Anfange nur kleine Stifte und Federn anders drucken zu können, um seine ganze Maschine für mich selber zu gebrauchen. Das hörte aber mit der fünften oder sechsten Stunde allmählich auf, und endlich fing ich an, selbst für ihn zu arbeiten."

In Feuerbachs atheistischer Philosophie ist für die Existenz Gottes in der Welt kein Platz mehr. Die Entgöttlichung der Welt und die Verneinung des Jenseits führen nicht notwendigerweise zur Entsittlichung des Lebens. Sie spornen im Gegenteil den Menschen zum verantwortungsbewussten Handeln an. An die Stelle der Gottesliebe müsse die Menschenliebe als die einzige wahre Religion treten, postuliert Feuerbach. Für Gottfried Keller ist das die entscheidende Frage: „Wird die Welt, wird das Leben prosaischer und gemeiner nach Feuerbach?" Und er gibt auch gleich die Antwort darauf: „Bis jetzt muß ich des bestimmtesten antworten: Nein! Im Gegenteil, es wird alles klarer, strenger, aber auch glühender und sinnlicher."

Wenn sich Keller auch nicht alle Feuerbach'schen Thesen zu eigen gemacht hat – ein Atheist ist er nie gewesen –, so haben die Ideen des Philosophen, mit dem er sich auch persönlich anfreundete, doch sein dichterisches Schaffen stark befruchtet und aus einem Romantiker einen Realisten gemacht. Feuerbach habe ihm, meinte er, die Augen geöffnet für den Glanz und die Schönheit der Welt.

Im Frühjahr 1850 sagt der zu klein geratene Schweizer Heidelberg Adieu und geht, mit einem weiteren Stipendium der Zürcher Kantonalregierung ausgestattet, nach Berlin. In der 400.000-Einwohner-Stadt wird er fünfeinhalb Jahre verweilen, aber dort nicht heimisch werden. Im ganzen Königreich Preußen und schon gar in der Hauptstadt ist der Geist der Reaktion allgegenwärtig. Es gibt strenge Zensurmaßnahmen, Kontrollen, Hausdurchsuchungen. Jede freiheitliche Regung wird im Keim erstickt.

Auch Gottfried Keller bekommt das zu spüren. „Die Konstabler haben mich sehr auf dem Korn und halten mich für einen Wühler", schreibt er an Ferdinand Freiligrath. Er hat für dieses Polizeisystem nur Verachtung übrig. Aber trotz seines stürmischen Temperaments ist er doch klug genug, sich mit der Polizei nicht anzulegen. Er ist nach Berlin gekommen, um seine schriftstellerischen Ambitionen weiter zu treiben und seine fragmentarische Bildung ein wenig aufzupolieren. Dazu hat er Zeit, Muße und Gelegenheit.

In Berlin lebten und wirkten damals Berühmtheiten wie der Naturforscher Alexander von Humboldt, die Brüder Grimm, der Historiker Leopold von Ranke, der Sprachforscher Richard Lepsius. Es gibt ein reichhaltiges literarisches und emsiges gesellschaftliches Leben, berühmte Salons. Das Theater freilich kann sich nicht entfalten. Es leidet schwer unter den repressiven Zensurvorschriften.

Gottfried Keller ist einsam in dieser großen Stadt, er hat Heimweh, aber er ist nicht unglücklich. „Sonst befinde ich mich insofern wohl hier, als man ungestört und anhaltend für sich sein und arbeiten kann ...", stellt er fest und: „Ich lebe in totaler Abgeschiedenheit, stumm und nüchtern wie eine Schildkröte." Er vergräbt sich in seine schriftstellerische Arbeit. Keller ist kein konstanter Arbeiter gewesen, Phasen der intensiven Betätigung wurden abgelöst von langen Perioden süßen Nichtstuns. Die Jahre in Berlin zählen aber jedenfalls zu den produktivsten Abschnitten seines Lebens. Keller hat in Berlin sein ganzes erzählerisches Werk niedergeschrieben oder zumindest geistig grundgelegt.

„Der grüne Heinrich", dessen letztes Kapitel im vierten Band er „buchstäblich unter Tränen hinschmierte", ist die schönste literarische Frucht dieser Zeit. In der Stadt an Spree und Havel wurde der erste Band der „Leute von Seldwyla" verfasst, das „Sinngedicht" und eine der „Züricher Novellen" ersonnen. Seine dramaturgischen Pläne hingegen, deretwegen er nach Berlin gekommen war, sind gescheitert. Lustspiele sind nicht bis zum Ende gediehen, das Drama „Therese" blieb Fragment. Gottfried Keller besaß kein dramatisches Talent. Das wollte er einfach nicht wahrhaben. Erst gegen Ende seines Lebens hat er es erkannt. Er musste sich damit begnügen, der „Shakespeare der Novelle" zu sein, wie es sein Schriftsteller-Freund Paul Heyse treffend formulierte.

Wie in München verkehrt Gottfried Keller in Berlin zunächst nur mit seinen Landsleuten. Erst nach einer längeren Phase der Eingewöhnung nimmt er den Kontakt zu Dichtern und Schriftstellern auf und unterhält sich mit ihnen über Gott und die Welt. Dann erst betritt er, wohl etwas unbehaglich, den Boden der literarischen Salons, zunächst bei der damals berühmten Fanny Lewald. Gottfried Keller war kein urbaner Mensch, sondern ein ungeschliffener Rohdiamant, wenig charmant, bisweilen schroff und ungefällig. Die Atmosphäre behagt ihm dort auch gleich überhaupt nicht, also bleibt er bald wieder aus. Der Salon des Schriftstellers Karl August Varnhagen von Ense gefällt ihm besser, zumal dieser dem „Grünen Heinrich" seine Anerkennung zollt. Aber unter den Künstlern, den Militärs und hohen Staatsbeamten, die in wohlgesetzten Worten schöngeistig plaudern, ist der vierschrötige Schweizer Poet ein brummeliger Fremdling. Keller ist kein ungeselliger Mensch, aber in einem Kreis wie diesem ist er verschlossen, gehemmt und wortkarg. „Er sprach nicht viel", berichtet ein Berliner Zeitgenosse, „und niemals von oder über sich. Auch von seinem Humor war kaum etwas zu bemerken. Man konnte nichts aus ihm herausbringen ..."

Auch in Berlin lebt Keller, der zum Asketen nicht geboren und für den Sparsamkeit ein Fremdwort ist, von der Hand in den Mund. Das großzügige Stipendium, immerhin 2900 Franken in dreieinhalb Jahren, ist bald aufgebraucht, die Vorschüsse und Honorare seines Verlegers reichen zum Lebensunterhalt bei weitem nicht aus. Er macht Schulden, die er nicht zurückzahlen kann. Schließlich legen einige Freunde in Zürich Gottfried Keller-Aktien auf. Aber auch diese Aktion ist nicht mehr als der berühmte Tropfen auf den heißen Stein.

Die Mutter erfährt über seine triste Lage nichts. Der Sohn lässt monatelang, einmal sogar fast zwei Jahre, nichts von sich hören. War es Rücksichtnahme auf das arme, geplagte Mutterherz oder gefühllose, unverantwortbare Rücksichtslosigkeit?

Gottfried Keller war alles andere als ein Adonis. Er war ein zwergenhafter Gehirnmensch, der seinen körperlichen Minderwertigkeitskomplex durch dichterische Höhenflüge zu kompensieren versuchte. Das gelang ihm und trug ihm im Herbst seines Lebens Achtung und Anerkennung ein. Kellers erzählerisches Werk zählt zur großen deutschsprachigen Literatur. In jungen Jahren wurde er kaum beachtet, schon gar nicht vom weiblichen Geschlecht. „Wäre er einen Kopf höher gewachsen, so hätte sein Leben sich anders gestaltet", urteilte Marie von Frisch. Sie war eine Schwester Adolf Exners, des hoch angesehenen Professors für Rechtsgeschichte an der Wiener Universität, der in jungen Jahren als Dozent in Zürich wirkte. Mit den Exners verband Keller im letzten Abschnitt seines Lebens eine warmherzige Freundschaft, und Marie kannte ihn so gut wie sonst kaum jemand. Ihr Urteil, das keineswegs überrascht, ist natürlich zutreffend.

Gottfried Keller hatte bei Frauen keine Chance. Sie nahmen ihn als Mann nicht ernst, wohl aber als Mensch und Dichter. Das größte Verständnis für ihn bewies Johanna Kapp, zu der Keller in der letzten Zeit seines Heidelberg-Aufenthaltes in Leidenschaft entbrannte. Der Dichter unternahm mit der gleich gestimmten Tochter des Philosophen Christian Kapp Spaziergänge, auf denen er ihr Einblicke in sein Schaffen gewährte. Johanna war wie er eine Doppelbegabung, sie malte und schrieb Verse und war ihm durchaus freundschaftlich gesinnt. Keller war zu gehemmt und schüchtern, um sich mündlich zu erklären. Er gestand ihr seine Liebe brieflich. Ihre Antwort fiel negativ aus, sie hatte ihr Herz an Ludwig Feuerbach verloren. In einem sehr einfühlsamen Brief, der mit dem Satz beginnt: „In den letzten Tagen hab' ich wohl gefühlt, daß Sie mich gern hatten; aber ich hielt es für eine schöne menschliche Teilnahme und hätte mich auch gefürchtet, etwa mehr zu glauben", teilte sie es ihm mit. Der Dichter war tief getroffen, aber die unglückliche Verliebtheit spornte seine Schaffenskraft an. Er schrieb die ersten Skizzen für seinen „Grünen Heinrich" nieder.

Weniger Verständnis für ihn hatten andere Damen, in die er sich leidenschaftlich verliebte, beispielsweise Luise Rieter. Auch um diese Dame, die zehn Jahre jünger, groß und vollschlank war – Kellers bevorzugter Frauentyp – warb er brieflich. Sie wies ihn ab. Den Grund für die Zurückweisung suchte er in seiner Mittellosigkeit. „Immer scheint mir mein Verdienst zu gering, um ein ausgezeichnetes Weib zu binden", konstatiert er, und: „Ein Herz allein gilt heute nichts mehr."

Die heftigste Zuneigung für eine Person weiblichen Geschlechtes faßte der Schweizer Dichter während seines Berlin-Aufenthaltes zu Betty Tendering. Betty, die Schwägerin des Verlegers Franz Duncker, in dessen Haus Keller häufig als Gast weilte, war groß, schön und hoch gewachsen, eine „elegante Personnage". Auch diesmal liebte der Dichter unglücklich. Er reagierte seine leidenschaftlichen Gefühle auf einer Schreibunterlage ab, die er bei der Niederschrift des „Grünen Heinrich" benützte. Sie ist vollgekritzelt mit dem Vornamen der Geliebten in allen möglichen Variationen, mit Zeichnungen und Versen. Die Angebetete hat des Dichters Zuneigung gewiss wahrgenommen. Ob sich Keller zu einem regelrechten Liebesgeständnis durchrang, ist umstritten. Erhört wurde er nicht. Des Frusts, der sich in ihm anstaute, entledigte er sich in Sauforgien und Prügeleien, in die er unschuldige Personen völlig grundlos verwickelte. Dabei blieb auch er nicht ungeschoren. In einem Brief gestand er später einmal: „Endlich aber fand ich meinen Meister in einem Hausknecht, der mich mit dem Hausschlüssel bediente, worauf ich endlich in mich ging. Es war eine Donnerstags-, Freitags- und Sonnabendsnacht, wo ich so mit gebrochenem Herzen mich umtrieb und anderen Leuten mir zur Erleichterung an den Köpfen kratzte."

Die unglückliche Liebe verarbeitete Keller auch diesmal literarisch. Von einem wahren Schaffensrausch erfasst, schrieb er in wenigen Monaten den ersten Band der „Leute von Seldwyla" nieder. Zehn Jahre später, nach dem Tod seiner Mutter im Februar 1864, machte der vereinsamte Dichter noch einmal den Versuch, ein Leben in Zweisamkeit zu führen. Diesmal gelang es ihm sogar, eine Verlobung zustande zu bringen. Aber die schwermütige, um zwanzig Jahre jüngere Luise Scheidegger beging Selbstmord. Kellers Wunsch nach Geborgenheit in einer glücklichen Liebesbeziehung blieb unerfüllt. Er war wohl schicksalhaft zum Junggesellendasein verurteilt. In späteren Jahren führte er einen freundschaftlichen Briefwechsel mit einer Reihe von edlen Frauen (Ida Freiligrath, Marie Melos usw.), der ihn als eine feinfühlige, warmherzige und wohlwollende Persönlichkeit ausweist, fern von allem Grobia-

Auf dieser Schreibunterlage verfasste Gottfried Keller seinen berühmten Roman „Der grüne Heinrich".

nismus, den er als Schutzschild gegen seine empfindsame Verletzlichkeit gerne zur Schau stellte.

Knapp vor Weihnachten 1855 verließ Gottfried Keller Berlin und kehrte in die Schweiz zurück. Die Mutter hatte inzwischen das Haus verkauft und war in ein Vorortequartier am Fuße des Zürichbergs gezogen. Aus dem Verkaufserlös hatte sie dem Sohn zur Begleichung seiner Schulden noch einmal eintausend Gulden zukommen lassen. Sie war bei bester Gesundheit. „Die Mutter", berichtete er nach Berlin, „hat sich in den sieben Jahren fast gar nicht verändert. Sie macht alles selbst und lässt niemanden dreinreden; auch klettert sie auf alle Kommoden und Schränke hinauf, um Schachteln herunterzuholen und Ofenklappen zuzumachen. Ich musste mir eine Serviette zum Essen förmlich erkaufen, und da gab sie mir endlich ein ungeheures Esstuch aus den neunziger Jahren, von dem sie behauptete, daß es wenigstens vierzehn Tage ausreichen müsse!"

Aus seinen guten Vorsätzen, den Haushalt zu übernehmen und den Mietzins zu bezahlen, wurde nichts. Im Gegenteil. Mutter und Schwester mussten weiter für ihn sorgen. Von seiner freien Schriftstellertätigkeit konnte er nicht leben und er brachte literarisch auch kaum etwas weiter. Es fehlte ihm dazu jeder innere Antrieb. Im Auf und Ab seines Lebens- und Schaffensrhythmus war der manisch-depressive Schriftsteller in einem Wellental angelangt, aus dem er in den nächsten Jahren nur gelegentlich herauskam.

Der Alltag war trist. Am Vormittag saß er zumeist zu Hause, las und versuchte zu schreiben, am Nachmittag ging er aus, die Abende verbrachte er meistens im Wirtshaus. In der ersten Zeit nach seiner Rückkehr brachten Einladungen zu schöngeistigen Gesellschaften Abwechslung in seinen tristen Alltag. In der prachtvollen Villa des Kaufmannsehepaares Otto und Mathilde Wesendonck und des Regierungsrates Johann Jakob Sulzer machte er unter anderem die Bekanntschaft von Richard Wagner, dem Architekten Gottfried Semper und dem Professor für Ästhetik Friedrich Theodor Vischer. Besonders wohl gefühlt hat sich der knorrige Dichter in diesem illustren Kreis nicht. „Wenn Keller das Geistvollste sagte", äußerte sich Wagner später einmal, so sei es doch „so polternd herausgekommen, wie wenn man einen Sack Kartoffeln ausschüttelte." Schon nach einem Jahr war Keller dieser Gesellschaft, in die er so ganz und gar nicht passte, überdrüssig.

Lichtblicke in seinem grauen Alltag waren aber jedenfalls die Volksfeste und patriotischen Feiern, an denen er sich beteiligte und für die er Festlieder schrieb. Für die Schillerfeier des Jahres 1859 etwa schrieb er einen bemerkenswerten Prolog. Um diese Zeit entstand auch das „Fähnlein der sieben Aufrechten", eine Erzählung, die begeistert aufgenommen wurde. Er betätigte sich auch publizistisch. Als Mitarbeiter des oppositionellen „Zürcher Intelligenzblattes" vertrat er liberale Ansichten und geißelte den uneingeschränkten Kapitalismus, der sich in der Schweiz breit zu machen begann und dessen korrumpierende Wirkung er hellsichtig durchschaute. Gewinnsucht und Geldgier waren Gottfried Keller vollkommen fremd.

Am 14. September 1861 erhielt der Poet zu seiner eigenen Überraschung und zum Befremden seiner Gegner den Posten des ersten Staatsschreibers des Kantons Zürich, um den er sich beworben hatte. Es war eine entscheidende Wende in seinem Leben. Am Vortag seines Dienstantrittes leistete sich der streitlustige Dichter bei einem Gelage in bester Gesellschaft noch einen Eklat, ging spät zu Bett und erschien am nächsten Morgen nicht zur Begrüßung im neuen Amt. Das trug ihm eine Rüge wegen Amtspflichtverletzung ein. Es war ein heilsamer Tadel. Was kaum jemand, der ihn kannte, für möglich gehalten hätte, geschah. Aus einem undisziplinierten Künstler wurde ein gewissenhafter, geradezu vorbildlicher Beamter, ein Vorbild an Pünktlichkeit und Pflichttreue. Im Dezember 1861 übersiedelte Gottfried Keller mit Mutter und Schwester in eine Wohnung im zweiten Stock der Staatskanzlei. Da die neue Position bestens dotiert war, konnte er in der nächsten Zeit nicht nur seine Schulden zurückzahlen, sondern der Mutter wenigstens zum Teil vergelten, was sie zeitlebens für ihn getan hatte. Die materielle Sicherheit, die ihr der Sohn nun bot, konnte sie nicht mehr lange genießen. Sie starb völlig überraschend am 5. Februar 1864. Ab diesem Zeitpunkt übernahm die Schwester die Führung des Haushaltes.

Für seine literarische Tätigkeit blieb Gottfried Keller jetzt kaum Zeit. Das Amt nahm ihn voll in Anspruch. Aber immerhin entstanden in den Jahren seiner Staatsschreiberzeit der zweite Novellenband der „Leute von Seldwyla" und die „Sieben Legenden", die nach Ansicht der Literaturkritik „den höchsten Ausdruck von Kellers geläuterter Weltanschauung und seine vollendetste künstlerische Leistung" darstellen.

Am 1. Juli 1876 nahm der Dichter Abschied von seinem Amt, das er untadelig und mit großem Fleiß geführt hatte. Er habe vor, schrieb er an Marie Exner, nun ganz den so genannten Musen zu leben.

Die letzten Jahre im Leben des kleinwüchsigen, aber großen Schweizer Erzählers sind angebrochen. Es waren seine produktivsten Jahre, und, solange er bei guter Gesundheit war, seine menschlich glücklichsten. Es ist die
Zeit seiner Reife, er bringt jetzt seine literarische Lebens-
ernte ein. Er schreibt und veröffentlicht seine „Züricher
Novellen", die ihm die Freundschaft Theodor Storms ein-
tragen, er überarbeitet seinen „Grünen Heinrich", macht
den Novellenzyklus „Das Sinngedicht" fertig, der bei der
Kritik einhelligen Beifall findet. „Die Mannigfaltigkeit der
Gestalten, die Kraft der Erfindung, der Glanz des Kolorits
und die Klassizität des Stils", schwärmte ein Zeitgenosse,
könne sich durchaus mit dem „Decamerone" Boccaccios
messen. Ein größeres literarisches Lob ist schwer vorstellbar.

1883 erschienen seine „Gesammelten Gedichte". Wenn
man Gottfried Keller primär auch nicht als Lyriker bezeichnen kann, so sind ihm doch Strophen und Verse von
großer sprachlicher Schönheit und gedanklicher Tiefe gelungen. Als Beispiel sei hier nur die erste Strophe seines
„Abendliedes" zitiert.

Augen, meine lieben Fensterlein,
Gebt mir schon so lange holden Schein,
Lasset freundlich Bild um Bild herein:
Einmal werdet ihr verdunkelt sein!

Vollkommene Verse.

Seine Laufbahn beschloss er mit dem Roman „Martin Sa-
lander", in dem er sich vehement gegen den einseitig auf
das Materielle ausgerichteten Zeitgeist ausspricht. Er stand

jetzt auf dem Höhepunkt seines literarischen Ansehens, er wurde anerkannt und konnte von seinen Honoraren leben.

Zu den Glanzlichtern von Gottfried Kellers Lebensabend gehörten ein paar Freundschaften, die der Dichter liebevoll pflegte und denen er in seiner umfangreichen Korrespondenz warmherzigen und einfühlsamen Ausdruck verlieh. In seinen con amore geschriebenen Briefen, in denen er seinem stürmischen Temperament Zügel anlegte, reflektieren sich die Lichtseiten seiner lebensvollen, komplexen Persönlichkeit: seine Güte, seine Bescheidenheit, seine fröhliche, umgängliche Geselligkeit. Adolf und Marie Exner gehörten zu den Auserwählten, denen er seine ungeteilte Zuneigung schenkte, der Archäologe Karl Dilthey und der Maler Arnold Böcklin, der ihn gegen Ende seines Lebens wie ein Sohn den Vater betreute, obwohl er nur um acht Jahre jünger war.

Im Frühjahr 1875 bezog Gottfried Keller eine geräumige Wohnung auf dem Bürgli, einer Anhöhe im heutigen Stadtteil Enge von Zürich. Er fühlte sich dort außerordentlich wohl. „In meiner Wohnung leb' ich wie ein König, weiteste Aussicht und Wolken und Wetter ganze Heerscharen", schwärmte er. „Das Haus hat großes Ausgelände, Bäume, Wiesen, Linden, die mir dicht vor dem Fenster stehen ... Abends bleibe ich fast immer zu Hause und schreibe am offenen Fenster, während der weite See im Mondschein schimmert ..." Aber an den Wochenenden suchte er, solange die kurzen Beine den schweren Körper zu tragen vermochten, sein Stammlokal in der Stadt auf und dann „soff er für sieben Mann!" Das behauptete er jedenfalls. So schlimm wird es wohl nicht gewesen sein, aber er war doch froh, dann und wann von zu Hause wegzu-

Gottfried Keller in späten Jahren, zum weisen Manne gereift

kommen, wo die knausrige Schwester ein strenges Regiment führte. Mit Regulas Gesundheit ging es dann rasch bergab. Sie hatte ein schweres Herzleiden und auch den Dichter plagten Rheumabeschwerden. Schließlich blieb nichts anderes übrig, als die Wohnung auf dem Bürgli aufzugeben.

Das neue Quartier behagte ihm überhaupt nicht. „Aussicht und Himmel sind flöten gegangen", schrieb er an einen Freund und klagte über den furchtbaren Straßenlärm.

Die Schwester, die er mit brüderlicher Liebe umsorgte, starb nach langem Siechtum am 8. Oktober 1888. Bei ihrem Begräbnis stand er lange sinnend vor der offenen Gruft.

Er selbst lebte jetzt völlig zurückgezogen, vereinsamte mehr und mehr, war misstrauisch, kam schwer mit der Frau zurecht, die die Haushaltsführung übernommen hatte. Vor den Ehrungen zu seinem 70. Geburtstag verkroch er sich in einer kleinen Gemeinde am Vierwaldstättersee. Zuletzt wurde ihm noch eine große Freude zuteil: die Herausgabe der zehnbändigen Gesamtausgabe seiner Werke.

Im letzten Halbjahr seines Lebens war Gottfried Keller nach einer schweren Grippe an das Bett gefesselt. Freunde kamen zu Besuch, saßen tagelang am Krankenlager, führten Gespräche, versuchten ihn aufzuheitern. Zwei Diakonissinnen versorgten die Wunden, mit denen sein Körper vom beständigen Liegen bedeckt war. Am 15. Juli 1890 erlöste ihn der Tod. Bei den Bestattungsfeierlichkeiten drei Tage später war ganz Zürich auf den Beinen. Der Leichnam des großen Schweizer Dichters wurde im Krematorium des Zürcher Zentralfriedhofes den Flammen übergeben.

FRANZ SCHUBERT

Das Musikgenie aus Wien

Wien war am Ende des 18. Jahrhunderts eine Stadt mit rund einer Viertelmillion Einwohnern. Die Bevölkerung wuchs rasch. Aus allen Teilen des habsburgischen Vielvölkerstaates, vor allem aus Böhmen und Mähren, strömten Menschen in die Kaiserstadt an der Donau, in der Hoffnung, dort Arbeit zu finden und Brot.

Ballungsgebiete waren die Vorstädte, in denen zu dieser Zeit der beginnenden Industrialisierung zahlreiche Manufakturen gegründet wurden. Im Lichtental, in der Roßau und auf dem Himmelpfortgrund, die heute zum 9.Wiener Gemeindebezirk gehören, entstanden Spinnereibetriebe, eine Porzellanmanufaktur, eine Ziegelbrennerei, eine Brauerei und daneben billig gebaute Massenquartiere, in denen die Zuwanderer Unterkunft fanden. In den zumeist zweistöckigen Häusern lebten mehrere Familien mit ihrer zahlreichen Kinderschar in Zimmer und Küche auf engstem Raum beisammen. Die Einrichtung war spärlich, ein Tisch, ein paar Stühle, eine Pritsche zum Schlafen, ein gusseiserner Ofen, eine Ofenbank. Es gab keine sanitären Einrichtungen, keine medizinische Betreuung, die Wasserqualität des Brunnens im Hof war schlecht. Die Arbeitslöhne waren niedrig, die Kosten für die Miete, für Lebensmittel und Brennstoff hoch. Hunger, Krankheit und Tod waren die ständigen Begleiter der Ziegelbrenner und Bierbrauer, aber auch der niederen

Beamten, die in diesen Unterkünften dahinvegetierten. Die Kindersterblichkeit war hoch, die Lebenserwartung niedrig. Im ersten Viertel des 19. Jahrhunderts wurden Männer durchschnittlich 36–40 Jahre alt, Frauen 41–45 Jahre.

In einer dieser Mietwohnungen im Haus Lichtental Nr. 152 lebt Franz Theodor Schubert mit seiner Familie. Er ist im Winter 1783 aus Mähren zugewandert. Der Bauernsohn hat in Brünn das Jesuitengymnasium besucht, verließ die Heimat und beschloss, in der Donaumetropole seinen Lebensunterhalt zu verdienen.

Franz Theodor findet zunächst bei seinem Bruder Karl, der vor ihm abgewandert ist, in der Leopoldstadt Aufnahme. Er ist ehrgeizig, fromm, bildungshungrig. Neben seiner Tätigkeit als Schulgehilfe beim Bruder studiert er an der Universität zwei Semester Philosophie. Wollte er höher hinaus? Warum brach er das Studium ab? Wer weiß das. Es ist nicht überliefert.

Irgendwann und bei irgendeiner Gelegenheit lernt der Zuwanderer, dem die Großstadt längere Zeit fremd bleibt, eine Frau kennen, eine Zugewanderte aus Schlesien. Sie heißt Elisabeth Vietz, ist die Tochter eines Schlossermeisters und bringt sich als Magd durch das Leben. Bildungsmäßig steht sie (tief) unter, aber menschlich (turm-)hoch über ihm. Sie ist sensibel, eine fürsorgliche Mutter und eine bedauernswerte Ehefrau. Ihre Kinder sprechen nur lobend und anerkennend über sie.

Am 17. Januar 1785 heiraten Franz Theodor Schubert und Elisabeth Vietz in der Lichtentaler Pfarrkirche, bereits sieben Wochen später kommt das erste Kind des Ehepaares zur Welt, ein Sohn, der auf den Namen Ignaz getauft wird.

Im Jahr darauf, am 13. Juni 1786, erhält Franz Theodor eine Stelle als Lehrer an der Elementarschule am Himmelpfortgrund. Er mietet zwei Wohnungen, eine im Parterre, die andere im Obergeschoss. (Im Haus gibt es insgesamt sechzehn Wohnungen mit 70–80 Bewohnern). Die beiden Zimmer im Parterre dienen weiter als Schulräume, jene im Obergeschoss als Wohnung. Für die Einrichtung bleibt wenig Geld, zumal der Herr Lehrer für die Schulbänke, die Tafel und das Lehrmaterial selbst aufkommen muss. Er bestreitet die anfallenden Kosten mit der kleinen Erbschaft von 96 Gulden, die ihm nach dem Tod des Vaters zufällt.

Franz Theodor Schubert hat kein festes Gehalt. Er lebt vom Schulgeld, das die Eltern für den Unterricht ihrer Kinder bezahlen. Die Kinder, die aus mittellosen Familien kommen, muss er unentgeltlich unterrichten. Erst ab dem Jahr 1807 erhält er dafür eine Entschädigung. Sein Einkommen reicht für den Unterhalt der Familie nicht aus. Er muss es daher durch die Erteilung von Privatstunden (Geigenunterricht etc.) ein wenig aufbessern.

Fünfzehn Jahre lang lebt die Familie Schubert in der Mietwohnung auf dem Himmelpfortgrund. Dann erwirbt Franz Theodor das Haus „Zum schwarzen Rössel" in der Säulengasse, ein paar Schritte von der alten Wohnstätte entfernt. Er muss dafür eine Hypothek aufnehmen, die er langsam abstottert. Er hat jetzt mehr Schulräume und mehr Platz für die Familie zur Verfügung, die Lebensumstände bessern sich.

Zwischen 1785 und 1801 bringt Elisabeth Schubert vierzehn Kinder zur Welt, acht Söhne und sechs Töchter, von denen nur fünf das Kindesalter überleben. Geburt und Tod reichen einander in der Familie Schubert die Hand. Im Jahr 1788 sterben drei Kinder, zwei an zwei Tagen hintereinander, 1797 schenkt Frau Schubert zwei Kindern das Leben: Franz im Januar, Aloisia Magdalena im Dezember, die jedoch am nächsten Tag verstarb.

Wer ist ihr beigestanden bei den Geburten, wer bei den Todesfällen? Der Ehemann wohl kaum. Franz Theodor ist ein strenger Lehrer, der die Schulkinder (übrigens ganz im Trend der erzieherischen Gepflogenheiten der Zeit) verprügelt und in der Familie ein unumstrittenes Regiment führt. Er trifft alle Entscheidungen bis hin zur Berufswahl seiner Sprösslinge, nach seinem Stundenplan richtet sich der Tagesablauf, vom Aufstehen am frühen Morgen bis zur Schlafenszeit bei Einbruch der Dunkelheit. An seinen Befehlen und Anordnungen gibt es nichts zu deuten. Der Pater familias duldet keinen Widerspruch.

Franz, am 31. Januar 1797 geboren, ist der jüngste Sohn der kinderreichen Schubert-Familie. Er ist bei der Geburt so klein und zart, dass er bereits am nächsten Tag getauft wird. Wer weiß, ob er überlebt. Zu diesem Zeitpunkt leben noch drei seiner Brüder, Ignaz, Ferdinand (geb. am 18. Oktober 1794) und Karl (geb. am 5. November 1795). Zu ihnen gesellt sich 1801 noch die Schwester Elisabeth. Der jüngste männliche Spross wird verwöhnt, wenn dieses Wort auf eine Eltern-Kind-Beziehung in dieser Zeit überhaupt anwendbar ist. Jedenfalls wird er nachsichtiger behandelt als die Brüder. Die Mutter liebt ihn innig, der Vater fasst ihn sanfter an als beispielsweise den Ältesten, den buckligen Ignaz, den er regelrecht kujoniert, solange er im Haus ist. Mit Ferdinand und Karl muss der kleine Franz die Ofenbank teilen, die als Schlafstätte dient.

Mit dem um zwei Jahre älteren Ferdinand versteht sich der Benjamin am besten. Er hält zeitlebens engen Kontakt zu ihm, vertraut ihm seine Sorgen an, borgt sich von ihm Geld. In Ferdinands Wohnung in der Kettenbrückengasse Nr. 6 auf der Wieden ist Franz Schubert gestorben. Zu dem um zwölf Jahre älteren Ignaz hat der Franz hingegen keine emotionale Bindung. Die beiden Brüder trennt nicht nur der große Altersunterschied, sie sind auch charakterlich verschieden. Die beiden verbindet allerdings ihre spöttische Verachtung der herrschenden Gesellschaftsschichten, des Adels und des Klerus, sowie ihre Ablehnung des von Staatskanzler Clemens Wenzel Lothar Metternich errichteten Systems der politischen und geistigen Bevormundung der Bürger. „Du, Ignaz, bist noch ganz der alte Eisenmann", schreibt Franz seinem republikanisch und aufklärerisch gesinnten Bruder aus Zseliz, wo er sich im Sommer 1818 als Musiklehrer beim Fürsten Johann Karl Esterházy von Galantha aufhält. „Der unversöhnliche Haß gegen das Bonzengeschlecht macht Dir Ehre. Doch hast Du keinen Begriff von den hiesigen Pfaffen, bigottisch wie ein altes Mistvieh, dumm wie ein Erzesel, und roh wie ein Büffel, hört man hier die Predigten, wo der sehr venerierte Pater Nepomucene nichts dagegen ist. Man wirft hier auf der Kanzel mit Ludern, Kanaillen etc. herum, daß es eine Freude ist, man bringt einen Todtenschädel auf die Kanzel, u. sagt: Da seht her, ihr pukerschäkigten Gfriser, so werdet ihr einmal aussehen: Oder, Ja, da geht der Bursch mit 'n Mensch ins Wirtshaus, tanzt die ganze Nacht, dann legen sie sich besoffen nieder, u.- stehen ihrer drey auf u.s.w."

Aufrührerisch gesinnt war Franz Schubert gewiss nicht, aber als freier Künstler, als der er sich fühlte, hasste er jedweden Zwang, gleichgültig ob er in einem politischen oder konfessionellen Gewand einherging.

Mit seinem Bruder Karl, der ein begabter Freizeitmaler war, teilte er die Liebe zur Natur und zur Landschaft.

Der jüngste Schubert-Sohn ist vier Jahre alt, als die Familie in das Haus in der Säulengasse umzieht. Er hat jetzt einen größeren räumlichen Aktionsradius. Aber er muss der Mutter im Haushalt helfen, auf die kleine Schwester aufpassen, die am 17. September 1801 das Licht der Welt erblickt hat. Der Vater bereitet ihn auf den Elementarunterricht vor. Franz soll wie die anderen Brüder zunächst Schulgehilfe und dann Lehrer werden. Musikunterricht erhält er erst im achten Lebensjahr, aber von Musik ist er natürlich umgeben, mit ihr wächst er auf. Sie spielt im Leben eines Schulmeisters eine wichtige Rolle. Der Vater musiziert mit den älteren Söhnen. Der Franz hört zu, summt und singt die Melodien mit. Er ist hoch musikalisch. Das merkt der Vater schon früh und er freut sich darüber. Er erteilt ihm Violinunterricht und schickt den Knaben, der eine wunderschöne Sopranstimme hat, in den Chor der Lichtentaler Pfarrkirche. Michael Holzer, der Chormeister, übernimmt seine Ausbildung in Gesang, Orgelspiel und Generalbass und erkennt gleichfalls sofort dessen ungewöhnliche musikalische Begabung. Er habe noch nie einen solchen Schüler gehabt, versichert er dem Vater, dem Franzl stecke die Harmonie im kleinen Finger. Mit elf Jahren singt Franz Schubert bei einer Messfeier im Lichtental zum Wohlgefallen Holzers und der gesamten Familie, die der Messe beiwohnt, die Sopransoli. Der Vater lobt ihn danach, klopft ihm anerkennend auf die Schulter. Das kommt selten vor. Es ist ungeheuer wohltuend.

Am 30. September kurz nach Mittag macht sich Mutter Schubert mit ihrem Jüngsten von der Säulengasse auf den Weg in die Innenstadt. Der Vater hat sich für den Franzl um eine Sopranistenstelle im k.k. Stadtkonvikt beworben, die in der amtlichen „Wiener Zeitung" ausgeschrieben war.

Mutter und Sohn legen den Weg zu Fuß zurück. Den Stellwagen, der bereits verkehrt, benutzen sie aus Kostengründen nicht. Der elfjährige Bub, der die von einer Mauer umgürtete Innenstadt der Kaiserresidenz aus eigener Anschauung nicht kennt, staunt über die prachtvollen Paläste und den vielen Verkehr.

Vor dem Portal des Konviktes am Universitätsplatz Nr. 796 nimmt die Mutter von ihrem Lieblingssohn wehmütigen Abschied. Sie ist überzeugt, dass der Franzl die Prüfung bestehen und damit ein neuer Abschnitt in seinem Leben beginnen wird. Auch der Knabe wird es wohl geahnt haben. Die Aufnahmeprüfung, die für 3.00 Uhr nachmittags angesetzt ist, besteht er glänzend. „Fra li Soprani li migliori sono: Francesco Schubert, e Francesco Müllner ..." vermerkt Antonio Salieri, der Vorsitzende der Kommission, im Prüfungsprotokoll. Franz Schubert wird als Sängerknabe in das von den Piaristen geleitete Konvikt aufgenommen und gleich auch eingekleidet mit „niederem Dreispitz, weißem Halstuch, ausgeschnittenem Rock von schwarzbrauner Farbe mit einer kleinen goldenen Epaulette auf der linken Achsel, lichten glatten Knöpfen, altväterischer Weste über den Bauch hinunter, kurzen Beinkleidern, Schuhen mit Schnallen". Einen Degen durften die Konviktschüler nicht tragen.

Schubert wird auf Kosten des Hofes ausgebildet und erzogen. Die Lehrer sind streng, der Direktor, Dr. Franz Innozenz Lang, ist gefürchtet. Disziplin und Unterordnung sind oberstes pädagogisches Gebot. Wer sich den Regeln nicht fügt, muss einen Karzer absitzen oder er bekommt ein paar Schläge mit dem Rohrstaberl auf das Hinterteil.

Der Tagesablauf ist strikt geregelt. Die Stipendiaten haben Unterricht (Religion, Latein, Mathematik, Naturgeschichte, Geschichte, Geografie), nach einer kurzen Mittagspause Studierzeit, müssen täglich beten, die Messe besuchen und einmal wöchentlich beichten. Schubert erhält Gesangs-, Geigen- und Klavierunterricht und muss an Sonntagen gemeinsam mit einigen anderen Schülern in der Burgkapelle eine lateinische Messe zu Gehör bringen. Er ist ein guter Schüler, das Musizieren macht ihm Spaß. Gleich in den ersten Tagen meldet er sich für das Orchester, das Lang ins Leben gerufen hat und das jeden Abend probt. Franz Schubert lernt die Sinfonien Haydns, Mozarts und das Frühwerk Beethovens kennen. Leiter des Orchesters ist der aus Mähren stammende Hoforganist Wenzel Ruzicka, von dem der Ausspruch überliefert ist: „Den kann ich nicht mehr lehren, der hat's vom lieben Gott gelernt."

Der kleine Franz Schubert fühlt sich nicht sonderlich wohl im Wiener Stadtkonvikt der Piaristen. Das Essen ist mehr als frugal, die Wände sind kahl, die Räume kalt und schlecht beheizt. In diesem unwirtlichen Umfeld schafft sich Schubert sehr bald eine kleine, eigene Privatwelt. Mit Erlaubnis des Direktors übt er in jeder freien Minute im Pianoforte-Zimmer Stücke von Haydn und Mozart und macht seine ersten, zaghaften kompositorischen Schritte. Was draußen in der Welt vorgeht, kümmert ihn kaum. Erst eine Kanonenkugel, die im Mai 1809 im Konvikt einschlägt und eine Mauer beschädigt, reißt ihn aus seinen musikalischen Träumen. Napoleon Bonaparte hat Wien erobert. Die Patres und die Mitschüler sind beunruhigt. Jetzt erinnert er sich, dass er den Namen des Franzosenkaisers schon einmal gehört hat. Der Vater hat vor ein paar Jahren erzählt, dass Napoleon Seine Majestät, den Kaiser Franz, in einer großen Schlacht besiegt hat.

Der Vorfall ist bald vergessen, das Essen im Konvikt wird noch karger, der Wert des Geldes sinkt. Franz Schubert komponiert eine vierhändige Fantasie in G-Dur und beginnt, sich mit Liedern zu beschäftigen. Die Anregung dazu holt er sich aus einem im Unterricht verwendeten Literaturbuch. Er findet bald auch einen Freund und Mentor in der Person von Josef von Spaun. Der um neun Jahre ältere, belesene, gebildete Jurist aus Linz, Stimmführer der zweiten Geigen im Konviktorchester, spornt ihn zum Komponieren an, versorgt ihn mit literarischen Texten und stellt ihm Notenpapier zur Verfügung, das er „in erstaunlicher Menge" verbraucht.

Das große musikalische Vorbild des jungen Schubert in dieser Zeit ist Johann Rudolf Zumsteeg, ein avantgardistischer Liedermacher, der sogar populärer war als Beethoven. Schubert ist von seinen Liedern begeistert, er beschäftigt sich eingehend mit ihnen, holt sich Anregungen und entwickelt sie schöpferisch weiter.

Die intensive Beschäftigung mit der Musik und seine Kompositionstätigkeit gehen auf Kosten der Schulgegenstände, die ihn wenig interessieren. Vor allem in Latein und Mathematik bekommt er Probleme. Seine Leistungen gehen zurück. Der Vater, der davon erfährt, hat überhaupt kein Verständnis dafür. Es gibt Krach, die emotionale Kluft zwischen den beiden wächst.

1812: Ein Schicksalsjahr Europas ist angebrochen. Napoleons Grande Armée verblutet in den Weiten Russlands. Das Schicksal greift auch in das junge Leben Schuberts ein. Am 28. Mai stirbt die geliebte Mutter 55-jährig an Typhus. Ihr Tod trifft den pubertierenden Fünfzehnjährigen ins Herz. „Da kam mir die Kunde von meiner Mutter Tode", klagt er. „Ich eilte sie zu sehen, und mein Vater, von Trauer erweicht, hinderte meinen Eintritt nicht. Da sah ich ihre Leiche. Tränen entflossen meinen Augen ..."

Der Vater ist tatsächlich milde gestimmt. Er gestattet dem Sohn, beim Hofkapellmeister Antonio Salieri zweimal die Woche Kompositionsunterricht zu nehmen. Salieri ist nicht nur ein ausgezeichneter Lehrer, er ist eine musikalische Autorität ersten Ranges, hoch geschätzt, ein freundlicher, liebenswürdiger Choleriker. Stolz schreibt der Schüler auf ein Übungsblatt: „Den 18. Juni 1812 den Contrapunkt angefangen. 1. Gattung." Schubert muss mehrstimmige Sätze komponieren, Partituren lesen, italienische Opern analysieren, nicht immer zu seiner großen Freude. Aber dem mehrjährigen Unterricht bei Salieri verdankt er viel.

Franz Schubert kommt in den Stimmwechsel, seine Laufbahn als Hofsängerknabe geht zu Ende. Er ist froh darüber, denn das Konviktleben macht ihm wenig Freude. Am 24. November 1812 schreibt er an einen seiner Brüder:

„... Schon lange habe ich über meine Lage nachgedacht und gefunden, daß sie im Ganzen genommen zwar gut sei, aber doch noch hie und da verbessert werden könnte; Du weißt aus Erfahrung, daß man doch manchmal eine Semmel und ein paar Aepfel essen möchte, um so mehr wenn man nach einem mittelmäßigen Mittagsmahle, nach

8 Stunden erst ein armseliges Nachtmahl erwarten darf ...
Die paar Groschen, die ich vom Herrn Vater bekomme,
sind in den ersten Tagen beim Teufel, was soll ich denn die
übrige Zeit thun? ...Was wär's denn auch, wenn Du mir
monatlich ein paar Kreuzer zukommen ließest. Du würdest
es nicht einmal spüren, indem ich mich in meiner Clause
für glücklich hielte, und zufrieden sein würde ..."

Schubert kann trotz schlechter schulischer Leistungen
über Fürsprache Salieris und Langs im Konvikt verbleiben,
eine kaiserliche Entschließung sichert ihm einen Stif-
tungsplatz zu. Er könnte, wenn er wollte, das Gymnasium
abschließen. Aber er will nicht. Der Sechzehnjährige setzt
einen entscheidenden Schritt. Er kehrt im November 1813
dem Konvikt den Rücken. Gewissermaßen als Abschieds-
geschenk komponiert er für das Schulorchester seine erste
Sinfonie.

Der Vater, der noch vor Ablauf des Trauerjahres nach
dem Tod seiner Frau im April 1813 die „wertgeschätzte
Jungfrau Anna Kleyenböck" geheiratet hat, nimmt den
widerspenstigen Sohn in sein Haus auf, aber er hat nicht
die Absicht, ihn durchzufüttern. Franz muss die Lehrer-
bildungsanstalt besuchen, wo er zum Schulgehilfen ausgebildet wird. Im Herbst 1814 besteht er mit mäßigem Erfolg das Lehrerexamen und beginnt an der Schule des Vaters mit seiner Unterrichtstätigkeit.

Franz Schubert ist für den Lehrberuf ungeeignet, kleinen Kindern das Schreiben, Lesen und Rechnen beizubringen, bereitet ihm überhaupt keinen Spaß. Er sitzt
komponierend beim Katheder, und wenn die Schüler Unfug treiben, greift er zum Rohrstock. „Stets wenn ich dich-
tete" (d.h.: komponierte), erinnerte er sich später einmal,

„ärgerte mich diese kleine Bande so sehr, daß ich regelmäßig aus dem Konzept kam."

Er ist ungeheuer produktiv in diesen Jahren. Er schreibt für die Lichtentaler Pfarrkirche die Messe in G-Dur, gleich darauf „Das Gretchen am Spinnrad" und verliebt sich in ein sechzehnjähriges Fräulein namens Therese Grob, die eine wunderschöne Sopranstimme hat. Obwohl die beiden einander sehr zugetan sind, wird keine feste Bindung daraus. Es bleibt bei einer Romanze.

Franz Schubert ist kein Casanova. Er geht zwar Frauen nicht aus dem Weg, aber er macht auf das weibliche Geschlecht nur wenig Eindruck. Seine gesamte Erscheinung war alles andere als beeindruckend. „Er vernachlässigte seinen Anzug, besonders die Zähne, roch stark nach Tabak, war sonach zu einem Courmacher gar nicht qualifiziert und auch nicht salonfähig, wie man sagt", schildert ihn ein Zeitgenosse.

Die Liebe verlieh aber auch ihm Flügel. In den Jahren zwischen 1814 und 1816 schrieb er rund zweihundert Lieder nach Texten von Goethe, Friedrich von Matthisson, seinem Freund Johann Mayrhofer, Klopstock und Schiller, denen in rascher Folge Vertonungen von insgesamt fünfzig Dichtern folgten. Dazu komponierte er vier Sinfonien (2–5), Messen, Singspiele, Streichquartette, Kompositionen für Klavier. Er hatte, was niemand wissen konnte, bereits mehr als die Hälfte seines Lebens hinter sich, aber bereits auch die Hälfte seines kompositorischen Gesamtwerkes niedergeschrieben, eine ungeheure schöpferische und handwerkliche Leistung, die mit normalen Maßstäben nicht zu messen ist. Nur ein Genie, ein von der Natur mit über-

*Das Notenblatt zum Lied „Abends unter der Linde",
das Schubert 1815 komponierte*

strömender Musikalität ausgestatteter Geist ist dazu im-
stande. Franz Schubert setzte in Töne um, was ihm in den
Kopf kam. Er vermochte an einem einzigen Tag bis zu zehn
Lieder zu komponieren und in knapp einer Woche eine
Messe oder eine Klaviersonate. Allein am 19. August 1815
entstanden das „Heideröslein", „Bundeslied", „Der Schatz-
gräber", „Der Rattenfänger" und „An den Mond". Ein einziges Wort, eine Zeile, ein Gedicht lösten in ihm eine Fül-
le von Melodien, eine Flut von Tönen aus, die sich dann
in gebändigter, harmonischer Vielfalt über das Notenpapier
ergossen. Dass Franz Schubert seine Einfälle sofort im Klar-
text niederschrieb und nichts mehr daran änderte, ist aller-

dings eine Irrmeinung, die von der Musikforschung längst korrigiert wurde. Von so manchen Liedern oder Sonatensätzen existieren mehrere Fassungen. Schubert hat immer wieder verändert, gefeilt, umgeschrieben. Er hat wie ein pedantischer Beamter jeden Vormittag unter den ungünstigsten Bedingungen in kleinen, im Winter unbeheizten Räumen bei schlechter Beleuchtung komponiert. Die einzige Labsal, die er sich dabei gönnte, war eine Tasse Tee und eine Pfeife.

Josef von Spaun, der Schuberts geniale Schöpferkraft früh erkannte, ließ sechzehn Lieder, darunter den „Erlkönig" und das „Heideröslein" zu einem Heft binden, das er mit Einverständnis des Komponisten in „grenzenloser Verehrung" an Johann Wolfgang von Goethe in der Hoffnung auf Anerkennung nach Weimar schickte. Das Heft wurde ohne Begleitschreiben an den Absender retourniert.

Im Juni 1815 ging in Wien der Kongress zu Ende, auf dem die Staatsmänner Europas unter der Führung des österreichischen Staatskanzlers Metternich nach dem Sieg über Napoleon die politische Vorkriegsordnung wieder herstellten. In den neun Tagungsmonaten seit September 1814 war die Kaiserstadt an der Donau der Mittelpunkt der Welt gewesen. Es gab glanzvolle Feste, Bälle, Konzerte, Theateraufführungen, Schlittenfahrten, Feuerwerke, Paraden, Jagden. Was der Schulgehilfe Franz Schubert im Haus des Vaters draußen vor den Toren der Stadt davon mitbekommen, welchen Anteil er an den Ereignissen genommen hat, wissen wir nicht. Noch versieht er unwillig seinen ungeliebten und schlecht bezahlten Job. Mit der Stiefmutter, die im April 1815 eine Tochter zur Welt gebracht hat, versteht er sich recht gut, aber es ist ihm zu eng im väterlichen

Haus. Er will frei sein, unabhängig. Im Sommer 1816 verlässt er den Himmelpfortgrund und quartiert sich bei seinem Freund Franz von Schober im Haus „Zum Winter" in der Inneren Stadt (heute Tuchlauben 20) ein. Ende 1817 kehrt er für kurze Zeit noch einmal in die Familie zurück. Dann löst er sich endgültig aus der väterlichen Bevormundung und nimmt das harte Los eines freischaffenden Künstlers auf sich, ohne eigene Wohnung, ohne eine fixe Anstellung, sieht man von einer kurzzeitigen Tätigkeit als Musiklehrer der beiden Töchter des Grafen Johann Karl Esterházy von Galantha ab. Der Militärdienst in der kaiserlichen Armee bleibt Franz Schubert erspart. Ein „Aufnahme-Bogen" vom Januar 1818 weist für ihn ein Maß von 4 Schuh, 11 Zoll, 2 Strich aus, was einer Größe von 155 Zentimeter entspricht. Er ist zu klein, das Mindestmaß für den Militärdienst beträgt 157 Zentimeter. Schubert, der ohnehin als Soldat nicht vorstellbar ist, kann sich voll und ganz der Musik widmen.

Das tut er auch. Von seiner Tätigkeit als Komponist kann er allerdings nicht leben. Aber er hat Freunde, die ihn finanziell unterstützen, ihn mit Aufträgen versorgen, ihm Wohnungen verschaffen oder ihn in Untermiete bei sich wohnen lassen.

Zum Freundeskreis um Franz Schubert gehörte eine Reihe gebildeter, kunstverständiger und -begeisterter (junger) Menschen, Dichter, Maler, Studenten, Beamte. Da waren zunächst die Freunde aus dem Stadtkonvikt, etwa der Tiroler Freiheitsdichter Johann Michael Senn, dessen fortschrittliche Ideen der Metternich'schen Polizei so sehr missfielen, dass er nach einer einjährigen Untersuchungshaft in seine Heimat abgeschoben wurde. Der unpolitische

Schubert soll ihm bei den polizeilichen Maßnahmen gegen ihn zur Seite gestanden sein, was ihm seitens der Behörde einen Verweis eintrug. Nicht gerade deswegen, aber vielleicht doch auch, bekam er es mit der Zensur zu tun. Die Veröffentlichung von drei Liedern nach Texten von Goethe wurde ein paar Jahre verzögert, da die schriftliche Zustimmung des Verfassers nicht vorlag. Im Libretto der Oper „Fierrabras" mussten Streichungen vorgenommen werden, das unvollständige Singspiel „Die Verschworenen" musste in „Der häusliche Krieg" umgetauft werden, um politische Assoziationen zu vermeiden. Wenn die beiden Werke auch nicht zur Aufführung kamen, so verursachte das Vorgehen der Zensur doch Ärger.

Zu den prominentesten Persönlichkeiten des Kreises um Franz Schubert zählten Josef von Spaun, der Librettist und Schauspieler Franz von Schober, die bereits erwähnt wurden, der aus Steyr stammende Dichter und Steuerbeamte Johann Mayrhofer, dessen Texte (rund fünfzig an der Zahl) Schubert vertonte. Mit Mayrhofer teilte er von 1818–1821 auch das Quartier in der Wipplingerstraße 3 in der Wiener Innenstadt. Die Maler Leopold Kupelwieser und Moritz von Schwind, der Lustspieldichter Eduard von Bauernfeld und die aus Graz stammenden Brüder Anselm und Josef Hüttenbrenner vervollständigten den Männerzirkel.

Die Freunde Schuberts trafen einander zu geselligen Zusammenkünften, den so genannten Schubertiaden, die über Initiative Spauns und Schobers in deren Wohnungen oder an anderen Orten abgehalten wurden. Die erste dieser Veranstaltungen fand Ende Januar 1821 in St. Pölten statt. „Da wurden eine Menge herrlicher Lieder Schuberts

Schubert musiziert mit dem
Hofopernsänger Johann Michael Vogl.

von ihm selbst gespielt und gesungen ... Hernach wurde
Punsch getrunken, den einer aus der Gesellschaft gab, und
da er sehr gut und in Menge da war, wurde die ohnedies
schon fröhlich gestimmte Gesellschaft noch lustiger, so
wurde es 3 Uhr morgens, als wir auseinander giengen ...",
berichtet ein Zeitgenosse.

Bei den Schubertiaden bildeten der Komponist und sein
Werk natürlich den Mittelpunkt des Programms. Viele seiner Lieder und Klaviertexte wurden dabei „uraufgeführt".
Die Schubert-Lieder brachte der hoch gebildete, aber über-
aus selbstgefällige Hofopernsänger Johann Michael Vogl

zum Vortrag, am Klavier saß zumeist der Komponist selbst. „Die Art und Weise, wie Vogl singt und ich accompagnire, wie wir in einem solchen Augenblick Eins zu sein scheinen, ist ... etwas ganz Neues, Unerhörtes", schwärmte Schubert. Nach seiner Pensionierung im Jahr 1822 widmete sich Vogl beinahe ausschließlich dem Vortrag von Schubert-Liedern, die er nicht nur in seiner herrschaftlichen Wohnung, sondern auch in den bürgerlichen Salons der Schriftstellerin Karoline Pichler, der Schwestern Fröhlich oder etwa des Advokaten Ignaz Sonnleitner und bei Konzertabenden der Öffentlichkeit präsentierte. Man musizierte aber nicht nur bei den Schubertiaden, man „schnabulierte" und tanzte, rauchte und trank und trieb auch so manchen Schabernack.

Franz Schubert, das größte Musikgenie, das die (Kaiser-) Stadt an der Donau hervorgebracht hat – Haydn, Mozart, Beethoven, Bruckner, Brahms waren „Zugereiste" –, war nie im Ausland. Er gelangte nur zweimal, 1818 und 1828, über das Staatsgebiet des heutigen Österreich hinaus, als er sich als Musiklehrer der beiden Töchter des ungarischen Grafen Esterházy von Galantha auf dessen Sommersitz Zseliz (jetzt Zeliezorce, Slowakei) aufhielt. Die Reise dorthin, die er im Postwagen zurücklegte, führte über Hainburg, Pressburg und Galgóc (Hlohovec) und war vierzehn Stationen entfernt. Für die Strecke, für die man heute mit dem PKW ein paar Stunden benötigt, brauchte man damals auf den holprigen, staubigen Straßen einen ganzen Tag.

Schubert, der jeweils die Sommermonate in Zseliz verbrachte, wurde für seine Tätigkeit großzügig entlohnt. Er erhielt ein monatliches Salär von 75 Gulden, was ungefähr seinem Jahresgehalt als Hilfslehrer entsprach. Dennoch scheint er sich, zumindest bei seinem ersten Aufenthalt, nicht sonderlich wohl gefühlt zu haben. Er vermisste den Freundeskreis, hatte Heimweh, fühlte sich wie ein Dienstbote behandelt und beklagte die unkünstlerische Atmosphäre. „Für das Wahre der Kunst fühlt hier keine Seele, höchstens dann u. wann (wenn ich nicht irre) die Gräfin", schrieb er den Freunden. Belesen, gebildet und musikinteressiert war aber jedenfalls der Hausherr.

Mit seinem zweiten Aufenthalt zeigte sich der Komponist zufriedener. Hatte er 1818 mit einem Zimmer in einem Nebengebäude Vorlieb nehmen müssen, so wohnte er jetzt im Schloss selbst, wurde respektvoll behandelt und durfte neben der gräflichen Familie am Frühstückstisch sitzen. Er komponierte Klavierstücke zu vier Händen, Märsche, Lieder, musizierte mit den Gastgebern und fasste eine tiefe Zuneigung zu Karoline, einer der Töchter des Hauses. Der große Standesunterschied und seine Gehemmtheit hielten ihn jedoch davon ab, sich deutlich zu erklären. Zu mehr als ein paar Liedern, die er seiner Angebeteten widmete, konnte er sich nicht durchringen. Abgesehen von seinem Liebeskummer war er aber auch diesmal nicht restlos glücklich und fühlte sich einsam. „Nun sitz ich allein hier im tiefen Ungarlande, in das ich mich leider zum 2ten Male locken ließ, ohne auch nur einen Menschen zu haben, mit dem ich ein gescheidtes Wort reden könnte", schüttete er Schober sein Herz aus.

In seinen Briefen aus Zseliz beweist Schubert im Übrigen eine erstaunliche Menschenkenntnis und ein hervorragendes Urteilsvermögen.

Einige Freunde Schuberts, so Vogl, Spaun und Mayrhofer, stammten aus Oberösterreich. Dorthin führten 1819, 1823 und 1825 drei von Schuberts Reisen. Der Komponist machte in Steyr, Linz und Gmunden, aber auch in den Klöstern Kremsmünster und St. Florian Station. Er wurde überall gastlich aufgenommen, kostenlos beherbergt und bewirtet. Bei Abendgesellschaften und Schubertiaden brachten er und Vogl vor einem interessierten, musikbegeisterten Publikum alte Kompositionen und neue zum Vortrag, die auf diesen Reisen entstanden. Schubert musizierte mit den Gastgebern und führte mit ihnen anregende Gespräche. Der Linzer Rechtsanwalt Anton Ottenwald, dessen Villa der geistige und musikalische Mittelpunkt der Landeshauptstadt war, zeigte sich in einem Brief an Spaun von Schuberts Bildung beeindruckt.

„Schubert war so freundlich, so mitteilend ...", teilte er ihm mit. „Nie hab' ich ihn so gesehen noch gehört; ernst, tief, und wie begeistert. Wie er von der Kunst sprach, von Poesie, von seiner Jugend, von Freunden und anderen bedeutenden Menschen, vom Verhältnis des Ideals zum Leben u. dgl. Ich musste immer mehr erstaunen über den Geist, dem man nachsagte, seine Kunstleistung sei so unbewusst, ihm selbst oft kaum verständlich u. so weiter ... Ich kann nicht reden von dem Umfang und einem Ganzen seiner Überzeugungen – aber Blicke einer nicht bloß angeeigneten Weltansicht waren das."

Von seiner dritten Oberösterreich-Reise, auf der er auch die Stadt Salzburg besuchte und in Gastein Thermalbäder nahm, schilderte er seinem Bruder ausführlich seine Eindrücke und erweist sich als ein ausgezeichneter Beobachter. Er bewunderte den Dom, den er als vollendet schön

*Die Schubertianer: Ihre geselligen Abende waren fast sprich-
wörtlich. Links vorne im Bild sitzend Franz Schubert*

empfand. „Das Licht, welches durch die Kuppel herein-
fällt, erleuchtet jeden Winkel. Diese außerordentlich Hel-
le macht eine göttliche Wirkung, und wäre allen Kirchen
anzuempfehlen", formulierte er. Auch der Blick vom Nonn-
berg auf das Salzachtal versetzte ihn in Entzücken. „Denke Dir einen Garten, der mehrere Meilen im Umfang hat,
in diesem unzählige Schlösser und Güter, die aus den Bäumen heraus oder durchschauen, denke Dir einen Fluß, der
sich auf die mannigfaltigste Weise durchschlängelt, denke
Dir Wiesen und Äcker, wie eben so viele Teppiche von den
schönsten Farben, dann die herrlichen Massen, die sich wie
Bänder um sie herumschlingen, und endlich stundenlan-
ge Alleen von ungeheuren Bäumen, dieses Alles von einer

unabsehbaren Reihe von den höchsten Bergen umschlossen, als wären sie die Wächter dieses himmlischen Thals, denke Dir dieses, so hast Du einen schwachen Begriff von seiner unaussprechlichen Schönheit", goss er seine Sätze in schwärmerische Poesie. Außer diesen Reisen in das Oberösterreichische und Salzburgische unternahm Schubert mit seinen Freunden im Zeiserlwagen zwei Landpartien zum Schloss Atzenbrugg am westlichen Rand des Tullnerfeldes, wo man viel tanzte und Gesellschaftsspiele veranstaltete. Die Atzenbrugger Tänze erinnern an diese Ausflüge.

Eine weitere Reise führte Schubert nach Graz. Dort erfreute er sich der Gastfreundschaft des Advokaten und Brauereibesitzers Karl Pachler. „Schon jetzt erfahr ich", hielt er fest, „ daß ich mich in Grätz zu wohl befunden habe, und Wien will mir noch nicht recht in den Kopf, 's ist freylich ein wenig groß, dafür ist es leer an Herzlosigkeit, Offenheit, an wirklichen Gedanken, an vernünftigen Worten, und besonders an geistreichen Thaten ..." Diese Schubert-Kritik stellt seiner Heimatstadt kein gutes Zeugnis aus.

Einen Monat vor seinem Tod besuchte der Komponist das Grab Haydns in Eisenstadt. Joseph Haydn und Mozart gehörten zu seinen musikalischen Vorbildern, zu seinem Zeitgenossen Ludwig van Beethoven, bei dessen Begräbnis am 29. März 1827 er sich als Fackelträger betätigte, blickte er auf. Schuberts symphonische Musik weist aber in ihrer melodischen Eigenständigkeit über Beethoven hinaus.

Anfang Januar 1823 machten sich bei Schubert die ersten Anzeichen einer Geschlechtskrankheit bemerkbar. Obwohl venerische Erkrankungen damals weit verbreitet waren, galten sie als Schande. Die Betroffenen hielten aus Angst vor gesellschaftlicher Ächtung das Leiden geheim und scheuten auch davor zurück, es der Gesundheitsbehörde zu melden. Ob sich Schubert seinem Freund Schober anvertraut hat, bei dem er wohnte und den das gleiche Schicksal ereilte, ist nicht bekannt. Jedenfalls sagte er unter dem Vorwand, er sei mit Opernprojekten beschäftigt, Termine ab und blieb auch den Leseabenden im Freundeskreis fern. Gram, gebrochen und in existenzieller Verzweiflung verfasste er im Mai 1823 ein vierstrophiges Gedicht mit dem Titel: „Mein Gebet", dessen 2.–4. Strophe lauten:

Großer Vater! Reich' dem Sohne
Tiefer Schmerzen nun zum Lohne
Endlich das Erlösungsmahl
Deiner Liebe ew'gen Strahl.

Sieh, vernichtet liegt im Staube,
Unerhörtem Gram zum Raube,
Meines Lebens Martergang
Nahend ew'gem Untergang.

Tödt' es und mich selber tödte,
Stürz nun Alles in die Lethe,
Und ein reines, kräft'ges Sein
Lass', o Großer, dann gedeih'n

Dachte er auch an Selbstmord? Franz Schubert konsultierte seinen Arzt, der ihn vermutlich im Herbst 1823 in das Allgemeine Krankenhaus einwies. Dort musste sich der Komponist während eines mehrwöchigen Aufenthaltes einer schmerzhaften Behandlung unterziehen. Ein an Syphilis erkrankter Patient wurde damals mit Quecksilberdampf-bädern behandelt, die so lange fortgeführt wurden, bis die Hautausschläge und die Lymphdrüsenanschwellungen zum Verschwinden gebracht waren. Als Folgewirkung stellte sich Haarausfall ein, Schuberts Lockenkopf musste einer Perücke Platz machen. In seinem Befinden trat eine Besserung ein, die Haare wuchsen nach, im Februar 1824 brauchte er die Perücke nicht mehr. Aber diese äußere Symptomatik täuschte. Schubert wurde bis zu seinem Tod immer wieder von Hautausschlägen, Kopfweh, Schmerzen am linken Arm und Schwindelanfällen geplagt. Sein Körper war durch die Quecksilberbehandlung vergiftet, das Immunsystem geschädigt.

Vor allen aber brachte die Krankheit den Künstler völlig aus dem seelischen Gleichgewicht. Der Hang zur Schwermut verstärkte sich, Schubert verfiel zeitweilig in Depressionen. Ein Brief vom 31. März 1824 an den in Rom weilenden Leopold Kupelwieser gewährt einen tiefen Einblick in sein aufgewühltes, zerrüttetes Seelenleben. Endlich könne er wieder einmal jemandem seine Seele ausschütten, schrieb er dem Freund, er fühle sich mit einem Wort als der unglücklichste, elendste Mensch auf der Welt. Und dann weiter: „Denk Dir einen Menschen, dessen Gesundheit nie mehr richtig werden will, u. der aus Verzweiflung darüber die Sache immer schlechter statt besser macht, denke Dir einen Menschen sage ich, dessen glänzendste Hoffnungen zu Nichte geworden sind, dem das Glück der Liebe u. Freundschaft nichts biethen als höchsten Schmerz, dem Begeisterung (wenigstens anregende)

Franz Schubert auf einem Aquarell
von Wilhelm August Rieder, 1825

für das Schöne zu schwinden droht ... Meine Ruh ist hin,
mein Herz ist schwer, ich find sie nimmer und nimmer
mehr", klagte er mit den Worten Goethes und setzte fort:
„So kann ich wohl jetzt alle Tage singen, denn jede Nacht,
wenn ich schlafen geh, hoff ich nicht mehr zu erwachen,
u. jeder Morgen kündet mir nur den gestrigen Gram. So
Freude- und Freundelos verbringe ich meine Tage ..."

„Keiner, der den Schmerz des Anderen, und Keiner, der
die Freude des Anderen versteht!", notierte er um diese
Zeit in seinem Tagebuch.

Die Krankheit bedrückte und betrübte ihn, aber sein Schaffensdrang blieb ungebrochen. Es ist schier unfassbar, welch gewaltiges Spätwerk Franz Schubert in den fünf Jahren bis zu seinem Tod geschaffen hat. 1823 vertonte er nach den Texten des aus Dessau stammenden Dichters und Herausgebers literarischer Periodika Wilhelm Müller den Liederzyklus „Die schöne Müllerin" und komponierte danach das Streichquartett in d-Moll („Der Tod und das Mädchen"), in dessen Thematik sich seine durch die Krankheit ausgelöste Seelenlage widerspiegelt. Zwischen 1826 und 1828 komponierte er unter anderen die Klaviersonaten in a-Moll, A-Dur und B-Dur, ein Streichquintett, Impromptus, den Liederzyklus „Winterreise", die Heine-Lieder, Messen und nach der „Unvollendeten", die er bereits 1822 schuf, als krönenden Abschluss seines symphonischen Werkes die Symphonie in C-Dur.

Wenn auch viele seiner Werke zu seinen Lebzeiten nicht aufgeführt wurden, so war Franz Schubert doch nicht das verkannte Genie, als das er der Nachwelt, insbesondere durch so manche Bücher und Filme präsentiert wurde. Drei seiner Bühnenwerke („Die Zwillingsbrüder", „Die Zauberharfe", „Rosamunde") gelangten zur Aufführung, mehr als einhundert seiner Schöpfungen (Lieder, Tänze, Klaviermusik) wurden gedruckt, die Verleger, auch ausländische, begannen sich für ihn zu interessieren. Die bedeutendsten Virtuosen der Zeit stellten sich in seinen Dienst, die ausländische Kritik beschäftigte sich mit ihm, er erhielt Kompositionsaufträge, die Musikvereine von Linz und Graz ernannten ihn zum Ehrenmitglied, die Wiener Gesellschaft für Musikfreunde wählte ihn als Ersatzmitglied in ihren Repräsentationskörper. Auch um seine Honorare war es nicht schlecht bestellt. Sein jährliches Durchschnittseinkommen wird von der Musikforschung mit 1800 Gulden Wiener Währung veranschlagt, womit er bequem sein Auslangen hätte finden müssen. Über diesen Betrag verfügte er jedoch nicht regelmäßig und er konnte mit Geld auch nicht haushalten.

Am 26. März 1828 gab Franz Schubert auf Drängen seines Freundes Bauernfeld im Saal des österreichischen Musikvereins unter der Tuchlauben Nr. 558 ein Privatkonzert, bei dem er zum ersten und einzigen Mal vor Publikum auftrat. Das Konzert wurde in der Presse angekündigt, der etwa 300 Personen fassende Raum war ausverkauft. Das Programm umfasste unter anderem den ersten Satz des Streichquartetts in G-Dur, mehrere Lieder und das „Ständchen" von Franz Grillparzer, das Josefine Fröhlich mit Schülerinnen des Konservatoriums vortrug, und das eigens für die Veranstaltung komponierte Klaviertrio in Es-Dur. Das Konzert war in jeder Hinsicht ein voller Erfolg, der Komponist wurde gefeiert. Die Wiener Presse nahm von dem Ereignis keine Notiz. Sie war vollauf damit beschäftigt, über das Auftreten des Wundergeigers Niccolò Paganini zu berichten, der das Musik liebende Wiener Publikum in Bann schlug.

Franz Schubert vergrub sich nach dem Konzert wieder in seine Arbeit, schleuderte ein Werk um das andere aus sich heraus.

Im Spätsommer 1828 verschlechterte sich sein Gesundheitszustand spürbar. Er fühlte sich niedergeschlagen, hatte Kopfschmerzen und Schwindelanfälle. Auf Anraten seines Arztes wechselte er die Wohnung und quartierte sich bei der Familie seines Bruders Ferdinand in der Kettenbrückengasse 6 im Vorort Wieden (heute: 4. Gemeindebezirk) ein. Das Zimmer war eng und feucht. Trotz seiner angeschlagenen Gesundheit komponiert Schubert unentwegt weiter, schreibt in einem Zug die drei letzten Klaviersonaten, nimmt Korrekturen am Streichquintett vor.

Am 31. Oktober laden ihn seine Brüder zum Essen in das Gasthaus „Zum roten Kreuz" auf dem Himmelpfortgrund ein. Es gibt Fisch. Er nimmt einen Bissen zu sich und legt dann angewidert Messer und Gabel auf den Teller. Es ekle ihn, es sei ihm, als habe er gerade Gift genommen, bemerkt er. So überliefert es Ferdinand. Acht Tage später leistet er einer Einladung des Karl Freiherrn von Schönstein, eines begeisterten Interpreten seiner Werke, Folge und wirkt dort „vollkommen wohl und ungemein lustig". Ein paar Tage später kann er kaum mehr aus dem Bett steigen. „Ich bin krank. Ich habe schon 11 Tage nichts gegessen u. getrunken u. wandle matt und wankend von Sessel u. Bett zurück. Rinna behandelt mich. Wenn ich auch was genieße, so muß ich es gleich wieder von mir geben", schreibt er an Schober und ersucht ihn, ihm ein paar Bücher von James Fenimore Cooper zu besorgen, den er sehr schätzt. Es ist sein letzter Brief. Dann muss er endgültig die Feder aus der Hand legen. Er schreibt keine Zeile mehr und keine Note.

Zwei Ärzte leisten medizinischen Beistand, Ferdinand und seine Familie sowie die Halbschwester Josepha versorgen ihn, sprechen ihm Trost zu. Eduard Bauernfeld und der Musiker Franz Lachner kommen auf Besuch, Schober und der Vater bleiben dem Totenbett fern. Der Kranke verfällt zusehends. Am 19. November 1828, um 3 Uhr nachmittags, scheidet Franz Schubert 32-jährig aus dem Leben.

Als Todesursache vermerkt das Sterbeprotokoll „Nerven-fieber". Es gilt heute als gesichert, dass der große Kompo-nist nicht an der Syphilis, sondern an einem von Salmo-nellen ausgelösten Bauchtyphus gestorben ist.

Der Sarg mit dem Leichnam wurde am 21. November in der Pfarrkirche „Zum hl. Joseph"(Margarethener Kir-che) eingesegnet und am Währinger Friedhof in der Nähe des Grabes von Beethoven in die Erde gesenkt. 1888 wur-den die sterblichen Überreste Franz Schuberts in einem Ehrengrab der Gemeinde Wien auf dem Zentralfriedhof beigesetzt.

Wer war Franz Schubert? Diese simple Frage, tausend-mal gestellt, war und ist nicht schlüssig und überzeugend zu beantworten. Denn schon für seine Verwandten und Freunde, die ihn gut kannten, blieb er ein Mensch mit Widersprüchen. Aber das wird man wohl sagen können: er war kein gemütlicher Wiener, kein lebenslustiger Tau-sendsassa, sondern eine komplizierte Künstlernatur, lite-rarisch gebildet, belesen, eine schöpferischer Vulkan und ein unerhört fleißiges, früh vollendetes Genie.

Napoleon Bonaparte

Geringes Körpermaß – großes Militärgenie

2. Dezember 1804: In Paris ist ein frostiger, bitterkalter Wintertag angebrochen. In der Nacht hat es geschneit, aber jetzt im Morgengrauen ist der Schnee in Regen übergegangen. Trotz des unfreundlichen Wetters ist halb Paris auf den Beinen. Zehntausende Menschen säumen die Straßen, die zur Kathedrale von Notre-Dame führen, und recken schaulustig die Hälse. Noch vor einem Jahrzehnt haben sie auf der Place de la Concorde dem blutigen Schauspiel zugesehen, bei dem Hunderte von Menschen während der Jakobinerherrschaft mittels Guillotine um ihren Kopf kürzer gemacht wurden.

Heute bietet ihnen die Geschichte eine Sensation ganz anderer Art. Napoleon Bonaparte, das klein gewachsene Militärgenie aus Korsika, das sich in den vergangenen Jahren rücksichtslos an die Spitze des Staates emporgekämpft hat, lässt sich zum Kaiser der Franzosen krönen. Das ist etwas Einmaliges in der französischen Geschichte, das hat es noch nie gegeben. Das spürt die Masse. Ein solches Jahrhundertereignis will sie sich nicht entgehen lassen.

Die Vorbereitungen für diese Krönung haben Monate in Anspruch genommen. Oberzeremonienmeister Philippe Paul de Ségur, der für die klaglose Abwicklung der Zeremonie verantwortlich ist, hat mit seinen Mitarbeitern alles bis in das kleinste Detail geregelt. Der Zeitplan ist bis auf die Minute erstellt, die An- und Abfahrt der Tausenden kirchlichen wie weltlichen Würdenträger, der Kardinäle, Erzbischöfe und Bischöfe, der Minister und Diplomaten aus dem In- und Ausland, die zum feierlichen Weihe- und Staatsakt in Notre-Dame geladen sind, sind exakt festgelegt. Die Ordnungskräfte sind mobilisiert. Sie haben Anweisung, in welchen Straßen und in welcher Stärke sie sich zu postieren haben.

Schon in den Abendstunden des Vortages wurden Maßnahmen gesetzt, die der Bevölkerung die Bedeutung des Ereignisses signalisierten: Artilleriesalven wurden abgefeuert, von den Hügeln der Stadt leuchteten bengalische Feuer, die Theatervorstellungen konnten kostenlos besucht werden.

Währenddessen wurde in der Kathedrale letzte Hand an die Innendekoration gelegt. Die Wände wurden mit Tapisserien behängt, die gotischen Pfeiler mit Pappmaché verkleidet, die Altäre geschmückt, die Bodenteppiche ausgebreitet. Notre-Dame sollte im höchsten Glanz erstrahlen. Die Kathedrale glich allerdings eher einem Festsaal als einer Kirche.

Hinter den Kulissen spielte sich, von der Öffentlichkeit unbemerkt, eine Szene ab, in die nur ein paar Akteure eingeweiht waren. Napoleon hatte sich entschlossen, seine langjährige Gefährtin Joséphine de Beauharnais, die er am 9. März 1796 in aller Eile geheiratet hatte, zur Kaiserin zu machen. Aber der Emporkömmling aus Korsika und die leidenschaftliche, leichtlebige Kreolin von der Antilleninsel Martinique waren nur standesamtlich getraut worden. Nach dem Kirchenrecht war die Ehe ungültig. Joséphine plagten jetzt Gewissensnöte. Der Papst, der auf Drängen Napoleons nach Paris gekommen war und mit seinem Gefolge in den Tuilerien Quartier genommen hatte, wusste das natürlich nicht. Als sie Bonaparte geheiratet hatte, war er noch ein kleiner, unbedeutender Armeegeneral gewesen. Im Vatikan kannte man damals nicht einmal seinen Namen. Aber jetzt stand er im Zentrum des historischen Geschehens. Pius VII. war gewiss felsenfest davon überzeugt, dass sie ein kirchlich getrautes Paar waren. Sie musste ihn davon informieren, dass dem leider nicht so war. Es waren freilich nicht nur religiöse und moralische Gründe, die sie zu diesem Schritt bewegten. Eine kirchlich geschlossene Ehe ist unauflöslich. Napoleon wird sich dann nicht mehr von ihr scheiden lassen können, folgert die lebenskluge Kreolin. Dass ein solcher Gedankengang nicht in die Ideenwelt ihres Gemahls passte, sollte sie sechs Jahre später mit Bitterkeit zur Kenntnis nehmen müssen.

Wie immer, die mit allen Salben geschmierte Kreolin bittet am Tag vor der Zeremonie der Kaiserkrönung den Papst um eine Audienz. Der fromme, bescheidene Pius VII., der während seines einwöchigen Aufenthaltes in der französischen Hauptstadt bereits die Herzen vieler Menschen gewonnen hat, ist unter diesen Umständen nicht bereit, bei den Krönungsfeierlichkeiten die ihm zugedachte Rolle zu spielen. Ein Paar, das nach den Vorstellungen der katholischen Kirche in Todsünde lebt, will er nicht mit dem heiligen Öl salben. Bonaparte und Joséphine müssen sich unverzüglich kirchlich trauen lassen, verlang er dezidiert. Ansonsten werde er Paris wieder verlassen.

Napoleon ist verärgert, als ihn die Gattin davon informiert. Die Krönung kann unmöglich abgesagt werden, sein Image wäre dahin, die Blamage nicht wieder gutzumachen. Einen Augenblick lang steckt der Korse in der Zwick-

mühle. Aber das Gesetz des Handelns lässt sich dieser ent-
scheidungsfreudige, resolute Mann nicht aus der Hand
nehmen. In aller Eile wird Kardinal Fesch, Napoleons
dienstbereiter Onkel, herbeigerufen. Er erhält den Auftrag,
die kirchliche Trauung sofort und unter strengster Ge-
heimhaltung vorzunehmen. Fesch tat, wie ihm befohlen.
Er nahm die Eheschließung am Nachmittag des 1. Dezember 1804 in den Tuilerien vor. In welchem Raum sie
stattfand und wer als Trauzeuge fungierte, darüber gibt es
bis heute nur Mutmaßungen. Auch die kirchenrechtliche
Gültigkeit ist umstritten, denn der Kardinal war nicht der
zuständige Seelsorger. Pius VII. gab sich aber damit zufrieden. Das entscheidende Hindernis für die Ereignisse
des nächsten Tages war aus dem Weg geräumt.

Am Morgen des 2. Dezember setzen sich plangemäß die
verschiedenen Festzüge von ihren vorgesehenen Standor-
ten aus zur Kathedrale in Bewegung. Der Platz davor ist
selbstverständlich nur für die höchsten Würdenträger reserviert. Die anderen Festgäste müssen den Weg zu Fuß
zurücklegen.

Die einzelnen Deputationen sind seit 7.00 Uhr früh, von
Kürassier- und Grenadierabteilungen eskortiert, zu Notre-
Dame unterwegs. Sie nehmen in der Kathedrale an den
ihnen zugewiesenen Plätzen Aufstellung. Die Tribünen fül-
len sich. In ganz Paris werden die Kirchenglocken geläutet, Kanonendonner erfüllt die Luft.

Um 9.00 Uhr verlässt der Papst mit seinem Gefolge die
Tuilerien. Seine sechsspännige Karosse ist reich dekoriert.
Pius segnet durch das Wagenfenster im Vorbeifahren die
im dichten Spalier am Straßenrand stehenden Zuseher, die

teils das Kreuz schlagen und niederknien, teils in unbeteiligter Bewegungslosigkeit verharren. Unter einem Baldachin und von einer Ehrengarde umgeben, zieht der Heilige Vater in die Kathedrale ein. Die Anwesenden erheben sich. Der Papst schreitet auf den Altar zu, kniet nieder und betet. Dann nimmt er auf dem für ihn bereitgestellten Thronsessel Platz und wartet. Wie er warten auch die übrigen Teilnehmer des Festaktes auf die Ankunft des Kaiserpaares. Sie warten nicht nur, sie frieren. Vor allem den tief dekolletierten Damen kriecht in der eiskalten Kirche die Kälte in den Leib.

Unterdessen walten in den Gemächern der zukünftigen Kaiserin Dutzende von dienstbaren Geistern ihres Amtes. Joséphine wird frisiert, geschminkt, angekleidet. Das nimmt Stunden in Anspruch. Schließlich ziert ihre schlanke Gestalt eine Satinrobe, die in einen Schleier aus Goldtüll gehüllt ist, in ihrem Haar glitzern Diamanten. Die 41-jährige Kreolin ist immer noch eine schöne, charmante, verführerische Frau. Auch der kleine, bereits ein wenig füllig gewordene Gatte findet sie, die ihm im Laufe der Jahre schon oft die Hörner aufgesetzt hat, hinreißend. Sie versteht es, auf großem Fuß zu leben, sie kann repräsentieren, sie wird auch als Kaiserin ihre Rolle glänzend spielen.

Vor dem Königspalast wartet bereits eine prachtvolle Karosse auf die hohen Herrschaften. Napoleon hilft der Gemahlin galant beim Einsteigen und nimmt neben ihr Platz. Dann setzt sich das von acht Pferden gezogene Gefährt in Bewegung, das in den engen Straßen nur langsam vorankommt.

Um 11.00 Uhr erreicht das Kaiserpaar den in der Nachbarschaft von Notre-Dame gelegenen Palast des Pariser Erzbischofs, wo es mit dem Krönungsornat eingekleidet wird: der Kaiser mit einem knöchellangen Seidengewand und einem purpurnen, mit Hermelin gefütterten Samtmantel, die Kaiserin mit einem langen, schweren Manteau. Die Stirn Napoleons ziert ein goldener Lorbeerkranz, Joséphine trägt ein von Diamanten funkelndes Diadem im Haar.

Um etwa 12.00 Uhr zieht das Kaiserpaar mit seinem Gefolge in die Kathedrale ein. Die Marschälle Napoleons tragen die Krone des Kaisers und die kaiserlichen Insignien voran, die Krone der Kaiserin trägt Marschall Murat auf einem Kissen.

Die Tausenden Festgäste halten den Atem an, das dreihundert Mann starke Orchester intoniert den Krönungsmarsch. Der Kaiser und die Kaiserin nehmen auf den beiden Thronen Platz, die im Altarraum aufgestellt sind.

Nun kann das eigentliche Zeremoniell beginnen, für das zwei Teile vorgesehen sind. Zunächst liest der Papst eine Messe, in deren Verlauf er Stirn, Arme und Hände des Kaisers und der Kaiserin salbt. Dann segnet er die Krone und die Insignien. Hierauf geschieht etwas, was zahlreiche Festgäste in Staunen versetzt. Napoleon ergreift die Krone, hebt sie hoch und setzt sie sich auf das Haupt. „In diesem Augenblick", berichtet eine Augenzeugin, „war er richtig schön, und seine Miene war von einem Ausdruck erhellt, der fast nicht zu beschreiben ist."

Nun nimmt der Kaiser die kleine Krone, geht ein paar Stufen hinab und setzt sie der vor ihm knienden Joséphine auf den zierlichen Kopf.

Die Geste hat eindeutigen Symbolcharakter. Der Empereur demonstriert vor den Tausenden auf ihn gerichte-

Napoleon krönt seine Frau Josephine in Notre Dame de Paris am 2. Dezember 1804. Gemälde von Jacques Louis David

ten Augenpaaren, dass er Kaiser aus eigener Machtvollkommenheit und nicht Herrscher von des Papstes und damit auch nicht von Gottes und der Kirche Gnaden ist.

An den sakralen Teil der Krönungszeremonie schließt sich der zivile, an dem Pius und die ihn begleitenden Würdenträger nicht teilnehmen. Das Kaiserpaar steigt zu den auf einer Estrade errichteten Thronen hinauf, Napoleon leistet vor den Spitzen des Staates den von der Verfassung vorgeschriebenen Eid, mit dem er beschwört, die territoriale Unversehrtheit Frankreichs zu gewährleisten und die von der Revolution erkämpften politischen, bürgerlichen und religiösen Freiheiten unangetastet zu lassen. Dann tritt ein Herold vor und ruft mit lauter Stimme: „Der glorreichste und erhabenste Kaiser Napoleon, Kaiser der Franzosen, ist gekrönt. Es lebe der Kaiser!" Der Festakt ist zu Ende.

Mittlerweile ist es vier Uhr nachmittags geworden. Die Festgäste atmen erleichtert auf, der Krönungszug verlässt die Kathedrale. Draußen ist die Dunkelheit angebrochen. Langsam bahnen sich die Karossen durch die Menschenmenge, die trotz der Kälte ausgeharrt hat, ihren Weg zurück zu den Tuilerien. Nachdem sie sich umgekleidet haben, nehmen der Kaiser und die Kaiserin, müde und ermattet, das Abendmahl ein. Beim Souper zu zweit macht Napoleon eine Anspielung, die Joséphine zusammenzucken lässt. „Wem werde ich das alles hinterlassen", überlegt er laut und er trifft mit dieser Bemerkung die Gemahlin ins Herz.

Napoleon will eine Dynastie begründen. Aber dazu braucht er einen männlichen Thronerben, einen Sohn, den ihm die frisch gebackene Kaiserin nicht geben kann. Joséphine hat ihrem ersten Gemahl, Vicomte Alexandre de Beauharnais, zwei Kinder geboren, Eugène und Hortense. Aber Mutter wird sie wohl nicht mehr werden können.

Über der erneuerten Beziehung des Kaiserpaares hängt das Damoklesschwert.

War der 2. Dezember 1804 der schönste Tag im Leben Napoleon Bonapartes? Wohl kaum. Für Etikette hatte der Abkömmling einer kinderreichen korsischen Familie nicht viel übrig. Er wuchs in keinem Palast auf, höfisches Benehmen war ihm fremd, er trug ungern Prunkgewänder. Das liebste Kleidungsstück war ihm die Uniform, seine Umgangsformen waren alles andere als aristokratisch, am wohlsten fühlte er sich unter seinen Marschällen und Soldaten, jedenfalls wohler als unter Ministern, Diplomaten und Höflingen. Napoleon war in erster Linie Krieger, Feldherr, ein überragendes Militärgenie.

Der Stern Napoleons ging 1796 auf. In diesem Jahr übertrug ihm das Direktorium, das damalige französische Regierungsorgan, den Oberbefehl über die Italienarmee und damit die Aufgabe, die mit den Piemontesen verbündeten Österreicher aus Oberitalien zu vertreiben. Es war, wie es schien, ein schier unerfüllbarer militärischer Auftrag. Die französischen Truppen waren den Verbündeten nicht nur zahlenmäßig unterlegen. Bewaffnung und Bekleidung ließen zu wünschen übrig, die Kampfmoral war miserabel, die Disziplin schlecht.

Der 27 Jahre junge Armeegeneral formte innerhalb kurzer Zeit aus dem zügellosen Haufen ein schlagkräftiges Heer, das unter seiner Führung Sieg um Sieg auf seine Fahnen heftete und die gegnerische Streitmacht das Fürchten lehrte.

Wie schaffte er das? Mit welchen Methoden? Mit welchen Mitteln? Es war ein Bündel von wohl überlegten Plänen und Maßnahmen, die dieses Ergebnis zeitigten.

Napoleon Bonaparte war ein Meister der Strategie und der psychologischen Kriegsführung. Er überragte seine Gegner durch seinen militärischen Weitblick, seinen unbedingten Siegeswillen, seine Zielgerichtetheit, seine ganz auf Schnelligkeit und Effizienz angelegte Manövriertaktik. Er habe die Österreicher durch Märsche besiegt, sagte er nach dem Feldzug in Oberitalien. Das klingt so einfach wie einleuchtend und war doch damals nicht selbstverständlich. „Vitesse, vitesse, activité" (Tempo, Tempo, Aktivität), lautete Napoleons Wahlspruch, die Offensive war die Richtschnur seines Handelns.

Napoleon verstand es ausgezeichnet, die ihm unterstellten Offiziere und Soldaten auf sich einzuschwören und für sich zu begeistern. Er versprach ihnen in mitreißenden Ansprachen Ruhm und Glanz und appellierte an ihre Ehre und vaterländische Gesinnung. „Soldaten!", rief er ihnen zu Beginn des Italienfeldzuges zu, „Ihr seid nackt, schlecht genährt; die Regierung ist euch viel Geld schuldig, sie kann euch nichts geben. Bewunderungswürdig ist eure Geduld, ist der Mut, den ihr inmitten dieser kahlen Felsen zeigt; aber damit erwerbt ihr keinen Ruhm, keinen Glanz. Ich will euch in die fruchtbarsten Ebenen der Welt führen. Reiche Provinzen, große Städte werden in eure Hände fallen; dort werdet ihr Ehre, Ruhm und Reichtümer finden. Soldaten der Italien-Armee, sollte es euch an Mut und Standhaftigkeit fehlen?"

Der Heerführer wusste genau, welchen Ton er anschlagen, welche Ziele er vorgeben musste. Mit schönen Worten allein hätte er freilich die Herzen der Soldaten nicht zu gewinnen vermocht. Dazu bedurfte es auch der Taten. Er kümmerte sich persönlich um das leibliche Wohl seiner

Grenadiere, teilte mit ihnen Freud und Leid, warf sich in ihrer Mitte in das Kampfgetümmel, munterte sie auf, zollte ihnen Anerkennung, pries ihre Tapferkeit, stellte ihnen für besondere Leistungen rasche Beförderung in Aussicht. Im napoleonischen Volksheer zählte nicht die Herkunft wie in den Söldnerheeren der Könige, sondern Verdienst. Auf seinem Feldherrengenie und der Kampfmoral seiner Soldaten beruhten die militärischen Erfolge der französischen Armee.

„Man stelle sich einen kleinen Mann vor", beschreibt ihn ein Zeitgenosse um diese Zeit (1797), „nicht größer als der Große Friedrich, sehr ebenmäßig und zart von Statur, schlank und kräftig zugleich, mit großem Kopf, edler Stirn, dunkelgrauen Augen, dichtem dunkelbraunem Haar, einem griechischen Profil und einem Mund voll Menschlichkeit und Grazie." Typisch auch seien seine Bewegungen: lebhaft und doch voll Anstand und Würde ...

Die Siege in Oberitalien, die er propagandistisch geschickt zu vermarkten wusste, steigerten Napoleons Selbstwertgefühl. Ohne sich um die Machthaber in Paris sonderlich zu kümmern, diktierte er den Besiegten seine Friedensbedingungen und kehrte in die Hauptstadt zurück. Der Korse war schlagartig populär und berühmt geworden. Frankreich hatte einen neuen Helden. Würde der strahlende Sieger die Gunst der Stunde nutzen und die unbeliebte Regierung zum Teufel jagen? Viele hofften, manche befürchteten es. Aber Napoleon griff nicht nach der politischen Macht. Noch nicht. Vorerst ging es ihm darum, seinen militärischen Ruhm zu mehren.

Das fünfköpfige Direktorium ist erleichtert, es überträgt ihm eilends den Oberbefehl über die Armee, die England erobern soll. Wenn er weit vom Schuss ist, stellt der Ehrgeizling keine Gefahr dar.

Der Invasionsplan hat ohne starke Flotte, die Frankreich nicht besitzt, keine Erfolgschance. Das stellt der kühl kalkulierende Rechner bald fest. Aber er hat eine andere Idee. Er möchte eine Expedition nach Ägypten unternehmen und durch die Besetzung des Landes dem englischen Überseehandel einen Schlag versetzen. Dem Direktorium kann es nur recht sein.

Napoleon Bonaparte sticht in See, landet im Land der Pharaonen, zieht in Kairo ein, schlägt ein paar Schlachten. Aber sein Traum von einer französischen Herrschaft im Orient wird zum Albtraum. Im Heer brechen Seuchen aus, die Hitze ist unerträglich, die Verluste sind hoch. Die französische Flotte wird bei Abukir, 20 Kilometer nordöstlich von Alexandria, von der englischen Seemacht unter der Führung von Admiral Horatio Nelson vernichtend geschlagen. Von der Heimatfront kommen schlechte Nachrichten. England, Russland und das Habsburgerreich haben den zweiten Koalitionskrieg gegen das revolutionäre Frankreich eröffnet. Das Vaterland ist in Gefahr. Kurz entschlossen lässt der General das Heer im Stich und kehrt viel umjubelt nach Paris zurück.

Das Direktorium hat abgewirtschaftet, Frankreich steckt in einer schweren wirtschaftlichen und politischen Krise. Die Zeit ist reif für einen politischen Umsturz und Napoleon nützt die Chance. Am 9. November 1799 (dem 18. Brumaire nach dem Revolutionskalender) treibt er die gesetzgebende Körperschaft mit militärischer Gewalt auseinander. Das Direktorium löst sich auf. An seine Stelle tre-

*Ein heroisierendes Bild: Napoleon überquert den
St.-Bernhard-Pass. Gemälde von Jacques Louis David*

ten drei Konsuln, ein Triumvirat, in dem der machtbe-
wusste Korse die erste Geige spielt. Die beiden anderen
Herren sind bloße Staffage. Frankreich bekommt eine neue
Verfassung, die der Erste Konsul einer Volksabstimmung
unterziehen lässt. Es ist ein scheindemokratisches Manöver. Männer vom Schlage Napoleons, Autokraten und

Diktatoren, hängen sich gerne ein demokratisches Mäntelchen um.

Bonaparte geht den Weg zur Alleinherrschaft konsequent weiter. 1802 lässt er sich nach einem abermaligen Plebiszit das Konsulat auf Lebenszeit übertragen. Der letzte Schritt, den er in diese Richtung setzt, ist dann die Kaiserkrönung, die einleitend ausführlich geschildert wurde.

In den Jahren zwischen 1799 und 1804 traf Napoleon innenpolitische Maßnahmen, die ihn als einen weit blickenden Staatsmann ausweisen. Er etablierte eine neue Staatsverwaltung, gründete die „Bank von Frankreich", schuf ein effizientes Steuersystem, brachte die Staatsfinanzen ins Gleichgewicht, reformierte das Schulwesen und söhnte sich durch den Abschluss eines Konkordates mit der katholischen Kirche aus. Seine größte und dauerhafteste Leistung war der Code civil, das erste, für ganz Frankreich verbindliche Gesetzbuch. Es konstituierte unter anderem die Familie als Kern der Gesellschaft, lieferte im Ehe- und Scheidungsrecht die Frau jedoch völlig dem Mann aus. „Eine Frau muss Gehorsam und Treue in der Ehe versprechen", heißt es in einem der Paragrafen. Das war ganz im Sinne Napoleons, der eine Reihe von Staatsratssitzungen leitete, bei denen der Gesetzesentwurf diskutiert wurde.

Von den Frauen verlangte der selbstherrliche Potentat in erster Linie Unterwürfigkeit. „Die Frauen sind unser Eigentum. Sie sind unser Besitz, wie ein Baum, der Früchte trägt, der Besitz des Gärtners ist", meinte er kurz und bündig. Voilà. Einen großen Eindruck als Mann dürfte er auf das weibliche Geschlecht nicht gemacht haben. Napoleon war kein Casanova-Typ. Den zehn bis zwanzig Liebhaberinnen, die mit ihm ins Bett gingen, imponierte seine gesellschaftliche Position. Schließlich wird man nicht jeden Tag von einem berühmten Feldherrn oder gar von einem Kaiser verführt. Zeit für die Liebe nahm sich Napoleon ohnehin nur selten. Wenn, dann musste alles rasch gehen. Für weibliche Festungen hatte der Eroberer absolut nichts übrig.

Napoleon konnte Frauen gegenüber galant sein, aber nicht selten war er beleidigend und taktlos. Vor allem die Hofdamen stellte er in aller Öffentlichkeit mit sarkastischen Äußerungen über ihr Aussehen bloß. Im Grunde seines Herzens war der Kaiser der Franzosen ein Frauenverächter und mit zunehmenden Jahren wurde er es immer mehr. Eine einzige Frau liebte Napoleon leidenschaftlich: die ungetreue, extravagante Joséphine. Ihr vergab er immer wieder ihre Verrücktheiten, immer wieder verfing er sich im Netz ihres Charmes, ihrer Anmut und ihrer unwiderstehlichen Verführungskunst, bis er sich dann doch aus dynastischen Gründen schweren Herzens von seinem Lebensmenschen trennte.

In den Wochen und Monaten nach der Krönung ist das Kaiserpaar vollauf mit Empfängen, Festmählern, Galadiners und anderen gesellschaftlichen Verpflichtungen beschäftigt. „Ihre ausgesuchte Höflichkeit, ihr Gespür für das richtige Wort und die richtige Geste sowie ihre unwiderstehliche Anziehungskraft überzeugten uns alle, daß sie für diese Rolle geboren sein könnte, wäre sie ihr nicht vom Glück geschenkt worden", urteilt ein Zeitgenosse über Joséphine. Privat herrscht zwischen Kaiser und Kaiserin einträchtige Harmonie. Joséphine macht keine Seitensprünge mehr, sie enthält sich jeder Äußerung über die Intimsphäre des Gemahls. Es gibt keine Eifersuchtsszenen.

Das Naturkind aus Martinique lebt auf großem Fuß. Das glaubt sie ihrer Stellung schuldig zu sein. Sie gibt das Geld mit vollen Händen für ihre Faibles, für schöne Kleider, Diademe, Armbänder, Broschen, Ringe und für ihre Sammlungen aus. Ihr Prestigebedürfnis und ihre Verschwendungssucht sind enorm und verschlingen Unsummen. Sie kauft, was ihr Herz begehrt, ohne um den Preis zu fragen, und Napoleon bezahlt die Rechnungen, wenn auch zuweilen mit bitterböser, saurer Miene und gelegentlichen Wutausbrüchen.

Im Frühjahr 1805 begleitet Joséphine ihren kaiserlichen Gemahl nach Mailand, wo sich Napoleon mit Prunk und Pomp zum König der Lombardei krönen lässt, sich aber zum Entsetzen der adeligen Gäste die Krone selbst auf das Haupt setzt.

Bald darauf gibt es wieder Krieg. England, Russland und Österreich haben sich zu einer neuen Koalition zusammengeschlossen. Napoleon handelt unverzüglich. Blitzschnell überschreitet er mit seinen Truppen den Rhein, schlägt die Österreicher bei Ulm, führt in Eilmärschen das Heer gegen Wien und besetzt am 13. November 1805 die Kaiserstadt. Am 2. Dezember 1805, dem Jahrestag seiner Kaiserkrönung, erringt er bei Austerlitz in Mähren seinen glanzvollsten Sieg. Die Schlacht von Austerlitz sei die allerschönste seiner Schlachten gewesen, mit 45 Fahnen, mehr als 150 Geschützen, der Fahne der russischen Garde, 30.000 Gefangenen, schildert er das Gemetzel. Aber 20.000 Tote sind auf der Walstatt geblieben. Kümmert es ihn? Anderntags ruft er den Soldaten, die überlebt haben, zu:

„Soldaten! Ich bin mit euch zufrieden ... Ihr habt eure Adler mit unvergänglichem Ruhm geschmückt ..." Sein Pathos zündet, die Soldaten verehren ihn wie einen Gott. Der Gemahlin schreibt er: „Ich habe die russische und österreichische Armee geschlagen. Ich bin etwas müde, habe acht Tage im Freien biwakiert, bei ziemlich frischen Nächten. Heute liege ich in einem Bett im schönen Schlosse des Fürsten Kaunitz, habe ein frisches Hemd angezogen, seit acht Tagen das erste ... und denke zwei bis drei Stunden zu schlafen."

Der Kaiser kehrt nach Paris zurück und bleibt dort – bis zum nächsten Kriegszug. Im Herbst 1806 ist Preußen an der Reihe. Die Grande Armée Napoleons vernichtet das preußische Heer in einer Doppelschlacht, mit Zar Alexander I. von Russland schließt der Kaiser der Franzosen im ostpreußischen Tilsit im Juli 1807 Frieden, der nur fünf Jahre lang halten wird.

Napoleon steht nun auf dem Höhepunkt seiner Macht. Sein Herrschaftsbereich erstreckt sich von der Atlantikküste bis an die Westgrenze Russlands, von der Nord- und Ostsee bis nach Süditalien. Die Landkarte Europas ist neu gezeichnet. Auf zahlreichen europäischen Thronen räkeln sich Napoleons Verwandte, der alte Reichsverband hat sich aufgelöst, die deutschen Fürsten buckeln vor dem Emporkömmling aus Korsika, der seine Machtfülle in vollen Zügen genießt.

Die militärischen Siege sind dem Beherrscher Europas, den die gekrönten Häupter der alten Dynastien keineswegs als ihresgleichen betrachten, zu Kopf gestiegen. Napoleon Bonaparte fühlt sich als Werkzeug der Vorsehung, er ist von einem großen historischen Sendungsbewusstsein erfüllt. „Es ist weise und politisch, das zu tun, was das Geschick befiehlt, und dorthin zu gehen, wohin der unwiderstehliche Lauf der Ereignisse uns führt", bemerkt er dem Zaren Alexander I. gegenüber. Sein Ehrgeiz steigert sich zur hybriden Ruhmsucht und zum hemmungslosen Machtrausch. Er duldet keinen Widerspruch, er ist maßlos, er wälzt Weltherrschaftspläne, seine Selbstherrlichkeit nimmt groteske Formen an. Allerdings: Wem soll er das, was er geschaffen hat, vererben? Der Gedanke quält ihn, verfolgt ihn in seinen (Tag-)Träumen. Seine Ehe ist kinderlos. Joséphine hätte schon längst ein Kind zur Welt bringen müssen. Ist er zeugungsunfähig? Schon beginnt er an seiner Fortpflanzungsfähigkeit zu zweifeln. Da erhält er eines Tages die Nachricht, dass eine Madame Eléonore Denuelle, die er mit seiner Liebe beglückt hat, einem Sohn das Leben geschenkt hat. Der Kaiser atmet erleichtert auf. Sofort bekennt er sich zur Vaterschaft, die er zwar verleugnen, aber nicht hätte bestreiten können. Charles Léon Denuelle sah dem Vater frappant ähnlich. Auch Joséphine erfährt, dass der Gatte einen illegitimen Sohn gezeugt hat. Für sie ist es eine Hiobsbotschaft. Aber es kommt noch schlimmer. Bald darauf wird ihr zugetragen, dass der Kaiser, der in Polen weilt, auf dem Weg nach Moskau einer jungen Dame begegnet ist, in die er sich stante pede wie ein Fähnrich verliebt hat. Maria Walewska wird seine Geliebte. Auf die schriftlichen Vorwürfe der Gemahlin antwortet er heuchlerisch: „Ich erhalte soeben Deinen Brief. Was Du mir darin von Damen erzählst, mit denen ich in Verbindung stehen soll, verstehe ich nicht. Ich liebe nur meine kleine, schmollende und kapriziöse Joséphine, die bei allem, was sie tut, so anmutig ist, selbst wenn sie zankt.

Denn sie ist immer liebenswürdig, außer wenn sie die Eifersucht packt, dann wird sie zur Teufelin."

Napoleon fasst nun endgültig den Entschluss, sich aus Staatsräson scheiden zu lassen. Er behandelt die Kaiserin nach seiner Rückkehr kalt und verletzend, er bevormundet sie, lässt sie seine Launen spüren. Graf Clemens Wenzel Metternich, der österreichische Gesandte in Paris, berichtet nach Wien: „Seit seiner Rückkehr aus dem Feld hat sich der Kaiser gegenüber seiner Gemahlin kalt und häufig wie peinlich berührt verhalten ... Sie benützen kein gemeinsames Schlafzimmer. Viele seiner Gewohnheiten haben sich geändert."

Aber der Mann, der in unzähligen Schlachten seine Tatkraft und seinen Mut bewiesen hat, hat nicht die Kraft zu einer klärenden Aussprache.

Joséphine ist eine Kaiserin auf Abruf. Das weiß sie. Aber bis zum letzten, entscheidenden Gespräch vergehen noch zwei Jahre, in denen es wieder Krieg gibt, in Spanien und gegen Österreich. Erst als ihm Maria Walewska mitteilt, dass sie ein Kind von ihm erwartet, entschließt sich der Kaiser, einen Schlussstrich zu setzen. Am 15. Dezember 1809 wird die Zivilehe des Kaiserpaares, die dreizehn Jahre gedauert hat, vom Senat für aufgelöst erklärt. Und wie steht es mit der kirchlichen Ehe, die vor der Kaiserkrönung geschlossen wurde und die nach dem Kirchenrecht unauflöslich ist? Sie besteht doch noch. Nein, argumentiert der Herrscher, der über Europa gebietet, das sei nicht der Fall. Sie sei gar nicht kirchlich geschlossen worden. Einer neuerlichen kirchlichen Verbindung steht seiner Meinung nach nichts im Wege.

Napoleon Bonaparte will den Geruch des revolutionären Emporkömmlings loswerden, seiner Herrschaft den Anstrich der Legitimität geben. Zu diesem Zweck will er in eine europäische Dynastie einheiraten. Die französischen Diplomaten strecken in Moskau und Wien diesbezüglich ihre Fühler aus. Vom Zarenhof kommt eine Absage. In Wien stößt Napoleons Ansinnen sofort auf freundliches Entgegenkommen. Kaiser Franz I. und sein Außenminister Metternich sind aus politischen Gründen für eine eheliche Verbindung mit dem Eroberer aus Frankreich. Ihre Wahl fällt auf Marie Louise, die älteste Kaisertochter. Die wehrt sich zwar, aber natürlich vergebens. Die Hochzeit wird rasch vereinbart. Am 1. April 1810 wird sie Napoleon zivilrechtlich angetraut, am nächsten Tag findet die kirchliche Zeremonie statt.

Der Kaiser ist wie verwandelt. Er liest seiner um 21 Jahre jüngeren Frau jeden Wunsch von den Augen ab, kleidet sich neu ein, macht eine Abmagerungskur. Im Bett klappt alles bestens, die Ehegatten passen sexuell gut zusammen. Drei Monate nach der Hochzeit ist Marie Louise schwanger, am 20. März 1811 bringt sie einen gesunden Knaben zur Welt. Der Kaiser jubelt. Er hat einen Thronfolger. Sein sehnlichster Wunsch ist in Erfüllung gegangen. Sein Erbe ist gesichert, eine Dynastie ist begründet.

Alle seine Wünsche seien erfüllt, versichert der Dynast ein paar Monate nach der Geburt des Sohnes, dem er den Titel eines Königs von Rom in die Wiege gelegt hat. Er werde seinen Völkern keine neuen Lasten auferlegen, keine neuen Steuern einheben, ihr Blut nicht sinnlos opfern. Im Übrigen hoffe er, dass der Friede auf dem Festland nicht gestört werde. Zum Zeitpunkt, zu dem er das feststellt, wälzt er in seinem Kopf schon wieder Pläne für einen neuen Feldzug. Napoleon bläst die Friedensschalmeien und bereitet insgeheim den Krieg vor. Vielen von uns kommt das bekannt vor. Selbstherrscher und Diktatoren gleichen bisweilen einander bis aufs Haar.

Napoleon war kein Friedensengel, sondern eine Eroberernatur. Seine Kriegsvorbereitungen im Jahr 1811 gelten Russland. Das riesige Zarenreich seiner Herrschaft zu unterwerfen, ist ein großes militärisches Wagnis. Das weiß er natürlich, aber er ist fest entschlossen, es einzugehen.

Der Feldherrnhügel, liebster Aufenthaltsort Napoleons, des großen Kriegsherrn

Warnungen vor einem Debakel schlägt er mit seinen üblichen Überlegenheitsgesten in den Wind. Er wird eine Streitmacht von 600.000 Mann aufbieten, das größte Heer, das die Welt bislang gesehen hat. Was kann ihm da schon passieren, ihm, dem größten Feldherrn seit den Tagen Alexanders des Großen, den er als sein Vorbild verehrt.

Die Grande Armée überquert am 24. Juni 1812 ab Mitternacht auf drei Pontonbrücken die Memel. (129 Jahre später beginnt Hitler seinen Russlandfeldzug fast auf den Tag genau zur gleichen Zeit, nämlich am 22. Juni 1941.) Napoleon hat sich vorgenommen, die russische Armee vor sich her zu treiben und in einem Blitzkrieg zu vernichten. Aber es kommt anders, als es sich der Imperator vorgestellt hat. Schon an den ersten Marschtagen macht das Wetter Mensch und Tier schwer zu schaffen. Drückende Hitze und sintflutartige Regenfälle, die einander abwechseln, fordern ihren Tribut. Der Nachschub klappt nur mangelhaft, der Vormarsch geht ins Leere. Der Gegner weicht zurück, stellt sich keiner Schlacht, praktiziert das Prinzip der „verbrannten Erde".

Täglich bleiben Tausende Soldaten auf der Strecke, Pferde verenden, Kanonen müssen zurückgelassen werden. Die Generäle raten zur Umkehr, Disziplin und Kampfmoral im bunt zusammengewürfelten Heer lassen zu wünschen übrig, sogar die Garde beginnt zu murren. Der Kaiser nimmt davon kaum Notiz, lässt keine Einwände gelten. Er hält unverrückbar an seinem Plan fest, bis Moskau vorzustoßen. Am 14. September 1812 zieht die Grande Armée in die beinahe menschenleere Hauptstadt des Zaren ein, der Kaiser bezieht im Kreml Quartier. In der Nacht zum 15. September bricht ein Brand aus, der die Stadt in Schutt und Asche legt. Napoleon macht Zar Alexander I. ein Friedensangebot, wartet wochenlang auf eine Antwort. Aber sie kommt nicht. Am 24. Oktober gibt er den Befehl zum Rückzug. Marie Louise teilt er kurz und bündig mit, seine Armee sei auf dem Marsch, er habe den Kreml sprengen lassen und Moskau den Rücken gekehrt. Er könne sein Winterquartier nicht dort aufschlagen, er habe anderes vor. „Meine Gesundheit ist gut, das Wetter schön, meine Angelegenheiten sind in bester Ordnung", schreibt er ihr noch. Kein Wort davon, dass er Hunderttausende Menschen seiner Ruhmsucht geopfert hat. Eroberernaturen wie er gehen mitleidlos über Leichen.

Die Grande Armée wird auf dem Rückzug buchstäblich aufgerieben. Nur 40.000 Mann retten ihre Haut. Der Imperator verlässt den zurückflutenden, demoralisierten Heerwurm und kehrt in einer Kutsche, in einen Pelzmantel gehüllt und von einigen Getreuen begleitet, nach Paris zurück. Am 18. Dezember 1812, kurz vor Mitternacht, erreicht er die Tuilerien, stürzt in das Schlafzimmer seiner Gemahlin und schließt sie stürmisch in seine Arme.

Ist das Ende Napoleons gekommen? Wird es keinen Krieg mehr geben? Kann Europa befreit aufatmen? Nein, das ist nicht der Fall. Napoleon hat einen Feldzug verloren. Aber er gibt sich nicht geschlagen. Nach dem Debakel der Grande Armée verbündet sich Preußen mit Russland zu einer antinapoleonischen Koalition. Der Korse stampft innerhalb weniger Wochen eine neue Armee aus dem Boden, die er in Eilmärschen nach Deutschland führt. Er fügt dem russisch-preußischen Heer in überlegener Manier eine Niederlage nach der anderen zu. Aber der Feldzug ist nicht entschieden. Es kommt nun alles darauf an, auf welche Seite sich Österreich schlagen wird, das sich aus dem Waffengang herausgehalten hat. Um diese Frage zu klären, lädt Napoleon Clemens Wenzel Metternich, den Außenminister Kaiser Franz' I., zu einer Unterredung in das Palais Marcolini nach Dresden ein. Am 26. Juni 1813 stehen dort zwei Männer einander gegenüber, die verschiedene Welten verkörpern: hier der geschmeidige, gefinkelte Diplomat alter Schule, ein Meister höfischer Umgangsformen, der in jeder Situation Contenance zu wahren versteht, dort der aufbrausende, unbeherrschte Despot, der wenig auf Anstand hält und ungestüm auf sein Ziel losgeht. Napoleon gestikuliert, stößt Schmähungen aus, brüllt und versucht, in dem stundenlangen Gespräch Metternich durch Drohungen einzuschüchtern. „Wollen Sie mich etwa durch eine Koalition zugrunde richten?", donnert er seinen Gesprächspartner an. „Wie viele seid ihr denn, ihr Alliierte? Euer vier, fünf, sechs, zwanzig? Je mehr ihr seid, desto besser für mich! Ich nehme die Herausforderung an. Aber ich kann Sie versichern, im nächsten Oktober sehen wir uns in Wien! Dann wird es sich zeigen, was aus euren guten Freunden, den Russen und Preußen, geworden ist ..." Und auf Metternichs Bemerkung, dass die französische Armee aus Kindern bestehe, entgegnet er heftig, Metternich sei kein Soldat, er habe keine Ahnung, was in der Seele eines Soldaten vorgehe. Er, Napoleon, sei hingegen im Feld aufgewachsen und schere sich einen Dreck um das Leben einer Million Menschen. 125 Jahre später schleudert Hitler bei seiner Unterredung mit dem österreichischen Bundeskanzler Schuschnigg (den ich allerdings nicht mit Metternich vergleichen möchte) die Worte ins Gesicht:

„Wer weiß, vielleicht bin ich über Nacht einmal in Wien, wie der Frühlingssturm! ... Glauben Sie nur nicht, dass mich irgendjemand in der Welt in meinen Entschlüssen hindern wird. Italien? Mit Mussolini bin ich im Reinen, ich bin mit Italien auf das engste befreundet. England? England wird keinen Finger für Österreich rühren ..."

Wie sich die Worte und die Argumente gleichen! Der autokratische Kaiser und der totalitäre Diktator unterschieden sich in ihrer Persönlichkeitsstruktur natürlich in vielem. Aber sie hatten auch vieles gemeinsam, etwa die Verachtung für Tradition und Herkommen, ihr parvenuhaftes Benehmen, ihre hysterische Erregbarkeit, ihre Schicksalsgläubigkeit, ihr monomanisches Machtstreben, ihren monströsen Vernichtungswillen, ihr übersteigertes Selbstbewusstsein, ihre Hybris, aber auch ihr Charisma.

Nach der Unterredung in Dresden tritt Österreich der antifranzösischen Koalition bei. Der Krieg und das Schlachten gehen weiter. Napoleon erleidet in einem dreitägigen Gemetzel, das als die „Völkerschlacht bei Leipzig" in die Geschichte eingegangen ist, eine vernichtende Niederlage. Seine militärische Reputation ist endgültig zerstört, die von ihm geschaffene Ordnung in Deutschland bricht zusammen. Die Sieger unterbreiten dem Besiegten ein Friedensangebot, das dieser jedoch großspurig zurückweist. Napoleon hat längst den Bezug zur Realität verloren. Erst als die Alliierten die Kriegsfurie nach Frankreich tragen und in Paris einziehen, erklärt der Senat den Kaiser für abgesetzt. Bonaparte hat den Bogen überspannt, er hat das Land in den Ruin geführt, es regelrecht ausgeblutet.

Die Alliierten weisen dem Maßlosen die Insel Elba als kleinen Herrschaftsbereich zu. Ein welthistorischer Spuk

ist beendet, glauben sie. Auf dem Wiener Kongress bemühen sie sich um die Wiederherstellung der vornapoleo-
nischen europäischen Staatsordnung.

Napoleon gibt sich freilich noch immer nicht geschlagen. Elba ist für ihn keine Endstation. Bei guter Gelegenheit verlässt er Ende Februar 1815 auf sieben Schiffen, von
etwa eintausend Getreuen begleitet, die Insel, am 1. März
geht die kleine Flotte in Südfrankreich vor Anker. Nun geschieht Unfassbares. Der Ex-Kaiser wird auf seinem Marsch
nach Paris von der Bevölkerung mit dem Ruf „Vive L'Empereur" begrüßt, die gegen ihn ausgesandten königlichen
Bataillone laufen zu ihm über. Am 20. März wird der Zu-
rückgekehrte von seinen Anhängern in die Tuilerien ge-
tragen.

Die Staatsmänner in Wien erklären den Abenteurer für
geächtet. Wieder gibt es Krieg. Bei Waterloo, 15 Kilometer südlich von Brüssel, erfüllt sich am 18. Juni 1815 endgültig das Schicksal Napoleon Bonapartes. Nach seiner
letzten militärischen Niederlage wird die Geißel Europas
auf die Atlantikinsel St. Helena verbannt. Von dort gibt es
kein Zurück mehr.

Auf der 122 Quadratmeter großen Felseninsel verbrachte
Napoleon Bonaparte als Gefangener die letzten sechs Jahre seines Lebens. Im „Longwood House", in dem er mit
seinen Begleitern – drei ehemaligen Generälen mit Familie, dem Grafen Las Cases, einem Arzt und einigen Die-
nern – untergebracht war, standen ihm ein 25 Quadratmeter großes Speisezimmer, ein Schlafzimmer, eine Bibliothek mit etwa zweitausend Bänden und ein paar kleine Räume zur Verfügung. Die Atmosphäre war angespannt.

*Napoleon auf St. Helena. Hier verbrachte er,
einsam und verbittert, seine letzten Jahre.*

Zwischen den Personen, die ihm in das Exil gefolgt waren,
gab es Rivalitäten und Eifersüchteleien, das zu extremen
Temperaturschwankungen neigende Klima war schwer zu
ertragen, der englische Gouverneur legte die ihm vorgeschriebenen Aufsichtspflichten mit kleingeistiger Engstir-
nigkeit aus.

Der zur Tatenlosigkeit verurteilte, gescheiterte Welt-
monarch machte im Rahmen des ihm zugestandenen Frei-
raumes im Umfang von zwölf Meilen Spaziergänge, las viel
und wurde zuzeiten von Schwindelanfällen heimgesucht
und Magenbeschwerden geplagt. Er war mit seinem Los
natürlich höchst unzufrieden, aber er wusste daraus Kapi-

tal zu schlagen. Er stilisierte sich auf St. Helena zum Märtyrer und inszenierte für die Nachwelt seine Legende, seine eigene Unsterblichkeit. Zu Las Cases, dem er seine Überlegungen und Gedanken diktierte, bemerkte er bereits nach einjährigem Exil: „Es ist wahr, dass mein Schicksal sich zu dem anderer genau gegenteilig verhält: Der Sturz lässt sie für gewöhnlich klein werden, mich hingegen hat er unendlich emporgetragen. Jeder Tag befreit mich von meinem Anstrich eines Tyrannen, eines Mörders, eines Wilden."

Persönliche Schuldgefühle hatten Napoleon nach keiner seiner „Ruhmestaten" geplagt, sie bedrückten ihn auch im Exil nicht. Alle seine Kriegszüge seien notwendig gewesen, erklärte er, um die Errungenschaften der Revolution gegen die alten Monarchien zu verteidigen, sie seien ihm aufgezwungen worden und hätten immer nur dazu gedient, wieder friedliche Verhältnisse herzustellen. Er habe Frankreich nationale Größe und den Völkern Europas persönliche Freiheit und staatsbürgerliche Gleichheit verschafft. Wenn er sich diktatorischer Mittel bedient habe, dann nur, weil er die Kräfte, die sich gegen seine Pläne stellten, aus dem Weg räumen musste. „Ich habe den Krater der Anarchie geschlossen und das Chaos geordnet. Ich habe die Revolution geläutert, die Völker veredelt, die Throne gefestigt", formulierte der Geächtete, der sich zum „Messias der Völkerfreiheit" aufwarf und sich als großen Europäer bezeichnete. Er legte mit diesen Offenbarungen das Fundament für seinen Nachruhm und sein Weiterleben im Gedächtnis der Nachwelt. Las Cases hat die napoleonischen Diktate getreulich festgehalten und 1823 in einem Buch mit dem Titel: „Mémorial de Sainte-Hélène" veröffentlicht, das im 19. Jahrhundert ein Bestseller war.

IMMANUEL KANT

Geistesgröße in Kleinformat

Die Königsberger konnten, wenn sie eine hatten, die Uhr nach ihm stellen. Denn die Pünktlichkeit des klein gewachsenen, großen deutschen Philosophen war sprichwörtlich. Sein Tag lief jahrzehntelang nach einem genau fixierten Zeitplan ab, an den er sich mit minutiöser Genauigkeit hielt.

Immanuel Kant wurde jeden Morgen, sommers und winters, von seinem Diener Martin Lampe, der vierzig Jahre sein Faktotum war, mit dem Ruf: „Es ist Zeit" um viertel vor fünf Uhr geweckt. Um fünf Uhr begab sich der Gelehrte, mit einem Schlafrock und einer Schlafmütze bekleidet, in sein Studierzimmer, trank gewöhnlich zwei Tassen Tee und schmauchte genüsslich seine Pfeife. Dabei sammelte er sich und hing in dieser „glücklichsten Stunde des ganzen Tages" seinen Gedanken nach. Danach bereitete er seine Vorlesungen vor, die bereits um sieben Uhr begannen und bis zehn oder elf dauerten. Diese fanden in einem Raum, der als Hörsaal diente, im unteren Stockwerk seines Hauses statt, das er 1783 erwarb. Dann widmete er sich der Arbeit an seinen Büchern. Pünktlich um viertel vor eins befahl er dann seiner Köchin, das Mittagessen aufzutragen. Es war die einzige Mahlzeit des ganzen Tages und bestand zumeist aus Kabeljau, Erbsen, Wurst und Kaviar, seinen Lieblingsspeisen. Zu jedem dieser Gerichte nahm er Senf, den er selbst zubereitete. Als Getränke kamen

Wein oder Wasser auf den Tisch. Bier, das er für schädlich hielt, mied er.

Immanuel Kant speiste selten allein. Er umgab sich beim Mittagstisch mit Freunden und Bekannten, mit denen er sich über alle möglichen Themen, vom Wetter über wissenschaftliche Fragen bis hin zu tagespolitischen Ereignissen, angeregt unterhielt. Er selbst, der redselig und gesellig war, leistete dazu geistvolle, witzige und humorvolle Beiträge. „Er heiterte durch sehr ausgebreitete Belesenheit, durch einen unerschöpflichen Vorrat von unterhaltenden und lustigen Anekdoten, die er ganz trocken, ohne je selbst dabei zu lachen, und durch eigenen echten Humor und treffende Repliken jede Gesellschaft auf", berichtet ein Teilnehmer an diesen Tischgesellschaften. Frauen waren zu diesen Tischrunden des Königsberger Junggesellen nicht geladen, Geistliche höchst selten. Das Mittagessen konnte mehrere Stunden in Anspruch nehmen und gut und gern auch einmal bis sechs Uhr abends dauern. Für ein Mittagschläfchen blieb da natürlich keine Zeit, Kant gönnte sich auch bis in das höchste Alter keines. Hingegen gehörte der abendliche Spaziergang wie das Amen im Gebet zur täglichen Routine. Pünktlich um sieben Uhr verließ der Philosoph bei jeder Witterung und jeder Jahreszeit sein Haus, um eine Stunde lang zu ambulieren. Kants auf die Minute genauer „Umlauf" war in Königsberg stadtbekannt und ein beliebter Gesprächsstoff. Welche Kleidung der Professor bei Schlecht- und Regenwetter trug, wer ihn begleitete, wo er Rast machte, wo er sich hinsetzte, um auf einem Schreibtäfelchen seine Gedanken festzuhalten, all das beobachteten die Bürger mit neugierigem Interesse. Als

Das Haus Immanuel Kants, das er 1783 erwarb,
diente als Wohnung ebenso wie als Hörsaal.

Kant einmal seinen Spaziergang nicht antrat, machte man
sich Sorgen um ihn. Was war passiert? War er krank? Nein,
klärte der Philosoph die Leute beinahe entschuldigend auf,
er habe Rousseaus „Emile" gelesen und mit der Lektüre
nicht aufhören können. In späteren Jahren machte Kant
im Übrigen seinen Spaziergang am liebsten allein. Er
brauchte dann nicht zu reden und wollte auch nicht ge-
grüßt werden. Das Einatmen durch den Mund, fürchtete
er, könnte eine Verkühlung zur Folge haben. Gesenkten
Kopfes ging er seines Weges, weder nach links noch nach
rechts blickend. Die Königsberger hatten (auch) für diese
Marotte Verständnis.
Die Abendstunden verbrachte er mit leichter Zeitungs-

und Zeitschriftenlektüre. Bemerkenswertes hielt er unverzüglich fest, blickte zuweilen sinnend in die benachbarten Gärten oder ging im Studierzimmer auf und ab, ehe er um 10.00 Uhr zu Bett ging. Er schlief bei offenem Fenster kurz und tief. Das Schlafzimmer blieb ungeheizt, im Sommer deckte er sich mit einer Wolldecke zu, im Winter benützte er zwei, die er kunstvoll um seinen Körper schlang.

Diese strikte Lebensweise hatte nur ein Ziel: die Bewahrung seiner Gesundheit.

Immanuel Kant war von zarter Konstitution. Er war ein schwächlicher Jüngling und im Alter ein verhutzeltes Männlein. „Sein Körper war gewiß nicht zu einer achtzigjährigen Lebensdauer bestimmt. Er hat das Leben der Natur abgezwungen. Das ganze Gebäude seines Körpers war so schwach, daß nur ein Kant es so viele Jahre unterstützen und erhalten konnte. Es scheint, als hätte die Natur bei der Bildung dieses seltenen Erdenbürgers alles auf seinen geistigen Teil verwandt; ja als hätte sie ihm die schwache Hülle zu mehrerer Stärkung seines Geistes mitgegeben. Sein Körper war kaum fünf Fuß (etwa 157 Zentimeter) hoch; der Kopf im Verhältnis zum übrigen Körper sehr groß; die Brust sehr flach und beinahe eingebogen; der rechte Schulterknochen hinterwärts etwas herausgedehnt. Die übrigen Teile des Körpers hatten untereinander ein gehöriges Ebenmaß. Der Knochenbau war äußerst schwach, schwächer aber noch seine Muskelkraft", schildert ihn ein Zeitgenosse.

Er musste mit seinen Kräften haushalten und legte sich daher ein ungeheures Maß an Selbstdisziplin auf, an das er sich mit eiserner Konsequenz hielt. Immanuel Kant therapierte sich gewissermaßen selbst. Er kurierte seine kleinen Unpässlichkeiten nicht mit Medikamenten, denen er grundsätzlich misstraute, sondern mit den Mitteln der Vernunft und des Geistes. Der Erfolg gab ihm recht. Kant war bis ins hohe Alter kaum einmal krank, jedenfalls nie bettlägerig, und blieb seinen Vorlesungen während seiner jahrzehntelangen Tätigkeit als akademischer Lehrer nur ein einziges Mal fern.

So schrullig vieles klingt, ein lebensfremder Sonderling, ein Einzelgänger oder gar ein Misanthrop war der große deutsche Philosoph nicht. Er war, wie wir gehört haben, ein geselliger Gastgeber, aber auch ein gern gesehener Gast in der Königsberger Gesellschaft.

Für gesellschaftliche Anlässe und Feierlichkeiten kleidete er sich durchaus nach der Mode. „Er war stets sehr sauber gekleidet und sein tief ernstes Gesicht, sein etwas zur Seite gesenkter Kopf, sein regelmäßiger, doch nicht zu langsamer Schritt zogen Ehrerbietiges bei seiner Erscheinung auf sich", berichtet ein Augenzeuge, der 1786 bei Kants Wahl zum Rektor der Universität Königsberg zugegen war. „Bei warmen Tagen", so fuhr er in seinem Bericht fort, „ging er nach damaliger Sitte mit abgezogenem, auf dem goldenen Knopf des Rohrstocks gehaltenem Hut, alsdann die feingepuderte Perücke den Kopf zierte. Seidenstrümpfe und Schuhe gehörten damals auch zur gewöhnlichen Tracht eines wohlgekleideten Mannes." Eine schwarze Halsbinde, ein Oberhemd mit Manschetten und ein Rock aus brauner oder schwarzer Seide ergänzten das „Outfit". Im Hörsaal kleidete sich der Herr Professor entsprechend alltäglicher.

Immanuel Kants Lebensstil war einfach und bescheiden. Luxus, den er sich gar nicht hätte leisten können, war ihm wesensfremd. Kant wohnte bis zu seinem 63. Lebensjahr, als er um 5500 Gulden mit seinen Ersparnissen ein Haus erwarb, in gemieteten Räumen. Er wechselte mehrmals das Quartier, zumeist weil er den Lärm nicht vertrug, der sich ringsum abspielte. Einmal waren es die polnischen Handelsschiffe auf dem Pregelfluss, die ihn bei der Arbeit störten, ein anderes Mal irritierte den lärmempfindlichen Philosophen das Krähen eines Hahnes.

Einen eigenen Haushalt führte Kant in dieser Zeit nicht. Er nahm das Mittagessen in Restaurants ein, wo er sich im ostpreußischen Dialekt mit den anderen Gästen auch über triviale Themen unterhielt. Bei Tisch wollte er ausspannen und keine geistreichen Gespräche führen. Auch dem Kartenspiel war er nicht abgeneigt.

Das eigene Haus richtete er dann nach seinen Bedürfnissen ein. Es beherbergte acht Räume, die spärlich ausgestattet waren. In seinem Wohn- und Studierzimmer standen ein Schreibtisch und zwei weitere Tische, auf denen Bücher und Schriften gestapelt waren, ein paar Stühle, ein einfaches Sofa und eine Kommode. Die Wände waren kahl und vom Rauch der täglichen Morgenpfeife mit einem Grauschleier überzogen. Die einzige Zierde des Raumes bildete ein Porträt des französischen Philosophen Jean-Jacques Rousseau. Es war übrigens das einzige Bild im ganzen Haus. Kunstgegenstände fehlten vollkommen, es gab auch keinen Bibliotheksraum. Insgesamt spiegelte die häusliche Einrichtung die materielle Bedürfnislosigkeit des Geistesriesen wider, der zeitlebens ein Junggeselle geblieben ist.

Auch wenn er Königsberg nie verließ –
Immanuel Kant war ein eleganter Herr von Welt.

Immanuel Kant war keineswegs ein Frauenfeind, er ging
den Damen nicht aus dem Weg. Einer seiner Schüler, der
auch eine Biografie über ihn schrieb, berichtet mit Be-
stimmtheit: „Mir sind zwei seiner ganz würdigen Frauen-

zimmer bekannt, die nacheinander sein Herz und seine Neigung an sich zogen. Aber freilich war er da nicht mehr im Jünglingsalter, wo man sich schnell bestimmt und rasch wählt. Er verfuhr zu bedächtlich, zögerte mit dem Antrage, der wohl nicht abgewiesen worden wäre und darüber zog eine von diesen in eine entfernte Gegend, und die andere gab einem rechtschaffenen Manne sich hin, der schneller als Kant im Entschließen und Zusagenfordern war." Kant selbst meinte im Alter dazu scherzend: „Da ich eine Frau brauchen konnte, konnt' ich keine ernähren; und da ich eine ernähren konnte, konnt' ich keine mehr brauchen." Sein Junggesellentum war jedenfalls nicht im Grundsätzlichen begründet.

Immanuel Kant wurde am 22. April 1724 in Königsberg, der Hauptstadt des Herzogtums Preußen, geboren. Die Stadt, die sich um eine 1255 auf einem Hügel oberhalb des Pregel zu Ehren König Ottokars II. von Böhmen errichtete Burg entwickelte, erlebte im 18. Jahrhundert eine wirtschaftliche Blüte.

Bereits zu Beginn dieses Jahrhunderts fand in ihren Mauern ein ungewöhnliches Ereignis statt. Am 18. Januar 1701 krönte sich Kurfürst Friedrich III. von Brandenburg, zu dessen Herrschaftsbereich das Herzogtum gehörte, im Moskowitersaal des Schlosses zum König in Preußen. Die Rangerhöhung war ihm von Kaiser Leopold I. gegen das Versprechen, ihn im Kampf um das spanische Erbe (Spanischer Erbfolgekrieg) mit einem Hilfskorps von 8000 Soldaten zu unterstützen, zugesichert worden. Die Königsberger erlebten im Gefolge der Krönung trotz klirrender Kälte ein Riesenspektakel mit Triumphpforten, Freudenfeuern, Glockengeläute und Kanonendonner. Das setzte diese nüchternen Menschen natürlich in Erstaunen.

Königsberg hatte zu dieser Zeit etwa 40.000 Einwohner, im Laufe des Jahrhunderts erhöhte sich diese Zahl dann auf 56.000. In seinem Hafen wurden Güter aus zahlreichen europäischen Ländern umgeschlagen, Handel und Gewerbe blühten. Die Stadt, eine der wichtigsten und größten im ganzen Königreich, konnte sich durchaus mit Hamburg und anderen Hafenstädten messen.

Nach dem Tod König Friedrichs I. trat dessen Sohn, Friedrich Wilhelm I., der als „Soldatenkönig" in die Geschichte eingegangen ist (1713–1740), die Herrschaft in Brandenburg-Preußen an. Friedrich Wilhelms größtes Interesse galt dem Heer, dessen Truppenstärke er bei einer Einwohnerzahl von 2,5 Millionen von 40.000 auf 80.000 verdoppelte. Er legte damit den Grundstein für die preußische Militärmacht. Das „Lieblingsspielzeug" des sparsamen Königs waren die „langen Kerle" seines Garderegimentes, die er in ganz Europa zusammenkaufen ließ und für die er Unsummen ausgab. Für sie war ihm nichts zu teuer. Bei der Wissenschaft hingegen setzte er den Sparstift an. Gelehrte und Professoren verachtete er. Sie waren für ihn nicht mehr als „Dintenklexer" und unnütze Bücherwürmer. An Büchern ließ der königliche Banause überhaupt nur die Bibel und die Militärdienstverordnung gelten.

Immanuel Kant hätte sich ganz gewiss nicht der Wertschätzung dieses Monarchen erfreut. Aber er hatte in zweierlei Hinsicht Glück. Seiner geringen Körpergröße wegen brauchte er sich vor der Rekrutierung zum Heer nicht zu fürchten und außerdem segnete den Soldatenkönig 1740 das Zeitliche, zu einem Zeitpunkt, als der 16-Jährige an der Königsberger Universität Philosophie und Naturwissenschaften zu studieren begann. Der Nachfolger, Friedrich II. (der Große), war das Gegenteil des Vaters. Er spielte Flöte, konversierte mit Philosophen, machte Verse und liebte französische Literatur. Freilich, auch das Kriegshandwerk war ihm nicht fremd. In seine 46-jährige Regierungszeit fallen die Schlesischen Kriege und der Siebenjährige Krieg, der auch Königsberg nicht verschonte. 1758 hielten die Russen in der Stadt Einzug und blieben bis 1762. Aber davon später.

Ein Universitätsstudium wurde Immanuel Kant nicht in die Wiege gelegt. Der Sohn eines Riemermeisters wuchs in kleinbürgerlichem Handwerkermilieu in bescheidenen Verhältnissen auf engem Raum auf. Der Vater konnte seine große Familie (neun Kinder, von denen vier frühzeitig starben) ernähren, sie litt keine Not, aber von Wohlstand war man weit entfernt. Kants Eltern schenkten ihren Kindern, so weit das möglich war, Zuwendung, gaben ihnen ein sittliches Beispiel und Vorbild. Die Eltern hätten ihm in „Rechtschaffenheit, sittlicher Anständigkeit und Ordnung" eine Erziehung gegeben, „die von der moralischen Seite betrachtet gar nicht hätte besser sein können", urteilte der Erwachsene.

Zum Vater sah der viertgeborene Sprössling mit Respekt auf, die Mutter, die er im Alter von dreizehn Jahren verlor, behielt er als eine „liebevolle, fromme und rechtschaffene Frau" in Erinnerung. Sie habe ihn zur Gottesfurcht angeleitet und zu seiner Charakterbildung entscheidend beigetragen.

Die Eltern Kants bekannten sich zum Pietismus. Es war dies eine religiöse Erneuerungsbewegung innerhalb der protestantischen Kirchen Deutschlands, die im Gegensatz zum Formalismus der Orthodoxie auf individuelle Frömmigkeit, Mildtätigkeit und tätige Nächstenliebe Wert legte. Dieser Geist des Pietismus wurde ihm zunächst von der Mutter und dann weitaus eindringlicher durch die Bibelstunden des Pastors Franz Albert Schultz vermittelt. Schultz, ein häufiger Gast der Familie, war es auch, der dazu riet, den begabten Knaben zur Vorbereitung auf ein späteres Theologiestudium auf das staatliche Collegium Fridericianum zu schicken. Nach dem Besuch einer zweijährigen Elementarschule trat der Achtjährige dort 1732 ein.

Das Collegium Fridericianum war eine pietistische Institution, die als fortschrittlich galt und pädagogisches Ansehen genoss. Oberstes erzieherisches Gebot waren Ordnung und Disziplin, kritisches und unabhängiges Denken war nicht gefragt. Die Schule vermittelte humanistische Bildung. Das weitaus wichtigste, mit 16 Stunden dotierte Unterrichtsfach war Latein, das Kant in Wort und Schrift beherrschen lernte und seinen Schreibstil prägte. Wie alle übrigen Fächer stand es ganz im Dienste der Religion. Jeder Unterrichtstag begann und endete mit einer halbstündigen religiösen Andacht, jede Unterrichtsstunde mit einem Gebet. Auch außerhalb des Unterrichtes mussten sich die Zöglinge Betstunden und religiösen Belehrungen unterziehen, der Sonntag war mit einem Gottesdienst und Predigten ganz auf das Seelenheil der Gymnasiasten abgestellt. Ferien gab es nicht. Nur zu Ostern, Pfingsten und Weihnachten gab es ein paar freie Tage.

Kant war ein ausgezeichneter Schüler, zumeist der Klassenprimus. Da es keinen Turnunterricht gab und auf körperliche Ertüchtigung kein Wert gelegt wurde, dürfte er trotz seines kleinen Wuchses von seinen Klassenkameraden voll akzeptiert worden sein. Das schließt jedoch nicht aus, dass er bereits in der Gymnasialzeit und später als akademischer Lehrer an einem körperlichen Minderwertigkeitskomplex litt, den er durch überragende geistige Leistungen zu kompensieren versuchte, was ihm auf überzeugendste Weise gelang.

An den Erziehungsmethoden und der Überdosis religiöser Indoktrination am Collegium Fridericianum ließ er rückblickend kein gutes Haar. Er hatte das Gefühl, in seiner Jugend „wie ein Sklave behandelt" worden zu sein. Sein Verhältnis zur Kirche war unterkühlt, dem sonntäglichen Messebesuch und dem Empfang der Kommunion konnte er nur wenig abgewinnen.

1740, im Jahr des Regierungsantrittes König Friedrich II. von Preußen, bezog der Sechzehnjährige die Universität Königsberg. Kant war ein armer Student. Nach dem Verlassen des Vaterhauses teilte er mit einem Kommilitonen eine Studierstube und gab anderen Privatstunden gegen Entlohnung, freie Unterkunft und andere Gegenleistungen. Er musste sich sogar zeitweise Kleidung und Schuhwerk ausleihen, wenn er ausging. Ein Studienkollege berichtet: „Kant behalf sich sehr sparsam, ganzer Mangel traf ihn nie, obgleich bisweilen, wenn er notwendig auszugehen hatte, seine Kleidungsstücke bei denen Handwerkern sich zur Reparatur befanden; alsdann blieb einer der Schüler den Tag über in seinem Quartier, und Kant ging mit einem gelehnten Rock, Beinkleidern oder Stiefeln aus." Aufwändige Vergnügungen konnte er sich nicht leisten, seine einzige Erholung, so wird berichtet, war das Billardspiel. Für studentischen Ulk, für Trinkgelage und Raufereien, die zu dieser Zeit gang und gäbe waren, hatte er überhaupt nichts übrig. Er ging von allem Anfang an unbeirrbar seinen eigenen Weg. „Ich habe mir die Bahn schon vorgezeichnet, die ich halten will. Ich werde meinen Lauf antreten, und nichts soll mich hindern, ihn fortzusetzen", formulierte er schon in jungen Jahren seinen Lebensplan.

An welcher Fakultät sich Immanuel Kant immatrikulierte, ist nicht eindeutig nachweisbar. Es fehlen die entsprechenden Unterlagen. Die Kant-Forschung nimmt an, dass er Vorlesungen in Philosophie, Mathematik und Logik besuchte, die er später durch Naturrecht, Rhetorik, Physik und Theologie ergänzte.

1746 legte er seine erste wissenschaftliche Arbeit in deutscher Sprache vor, an der er drei Jahre schrieb. Wenn sie inhaltlich auch nicht überzeugte, so sind in dieser Erstlingsschrift doch bereits die Charakteristika des reifen Denkers angelegt: sein unbedingter Wille zur geistigen Unabhängigkeit, sein kompromissloses Streben nach Wahrheit, sein Bemühen, Einseitigkeiten zu überwinden und prinzipielle Lösungen anzubieten.

In seine Zeit als Universitätsstudent fiel auch ein schwer wiegendes familiäres Ereignis: der Tod des Vaters, der am 24. März 1746 nach längerer Krankheit „an einer gänzlichen Entkräftung" starb. Als ältester Sohn war Kant nun für seine beiden jüngsten Geschwister verantwortlich, eine Verpflichtung, die er sehr ernst nahm. Sein Studienfortschritt wurde dadurch wohl ein wenig gehemmt.

1747 oder 1748 verließ er dann die Universität und Königsberg, um als Hauslehrer seinen Lebensunterhalt zu verdienen. Diese Tätigkeit führte ihn über die Hauptstadt, aber nicht über Ostpreußen hinaus, das er zeitlebens nicht verlassen hat. Er unterrichtete zunächst die Söhne eines reformierten Pastors, später die eines Rittergutsbesitzers. Von seinen Fähigkeiten als Pädagoge war er selbst nicht überzeugt, er scheint aber ein guter Lehrer gewesen zu sein. Seine Schützlinge brachten ihm jedenfalls lebenslange Achtung entgegen. In seinen Hauslehrerjahren legte der junge Philosoph in seiner Freizeit den Grundstein für seine spätere wissenschaftliche Tätigkeit und lernte, sich in höheren Gesellschaftsschichten zu bewegen. Insofern stellte sie zwar einen unspektakulären, aber nicht unwesentlichen Abschnitt seines Lebens dar.

Im August 1754 kehrte Immanuel Kant in der festen Absicht nach Königsberg zurück, eine wissenschaftliche Karriere einzuschlagen. Er verfasste eine Dissertation „Über das Feuer" in lateinischer Sprache, die er im April des darauf folgenden Jahres zur Approbation einreichte. Vier Wochen später wurde er nach Ablegung einer öffentlichen Prüfung zum Doktor promoviert. Die Gebühren, die zu entrichten waren, übernahm ein Onkel. Um die venia legendi, die Lehrbefähigung an der Universität, zu erhalten, musste Kant eine zweite Dissertation vorlegen. Nach einem öffentlichen Disput darüber erhielt er im September 1755 den Titel eines Professors der Philosophie an der Universität Königsberg. Kurz darauf hielt er seine erste Vorlesung. Ein Student, der dieser Veranstaltung beiwohnte, berichtet: „Ich hörete ihn im Jahre 1755 in seiner ersten Vorlesungsstunde. Er wohnte damals in des Prof. Kypke Hause, auf der Neustadt, und hatte hier einen geräumigen

In diesem Universitätsgebäude zu Königsberg lehrte
Kant und formulierte seinen wichtigsten Thesen.

Hörsaal, der samt dem Vorhause und der Treppe mit einer beinahe unglaublichen Menge von Studierenden angefüllt war. Dies schien Kant äußerst verlegen zu machen. Er, ungewöhnt der Sache, verlor beinahe die Fassung, sprach leiser noch als gewöhnlich, korrigierte sich selbst oft ... In der nächstfolgenden Stunde war es schon ganz anders. Sein Vortrag war, wie er's auch in der Folge blieb, nicht allein gründlich, sondern auch freimütig und angenehm."

Obwohl er sich bei didaktischen Fragen nicht lange aufhielt, kann man Kants Vorlesungsstil als für die damalige Zeit neu und ungewöhnlich bezeichnen. Er las die überlieferten Texte aus den vorhandenen Lehrbüchern nicht einfach ab, sondern nahm sie zum Anlass für eigene und eigenständige Überlegungen und Diskurse, die er sich stichwortartig auf Zetteln zurechtgelegt hatte. Er lieferte seinen Schülern keine fertigen philosophischen Konzepte, sondern regte sie zum Denken an, veranlasste sie, über Begriffe, Fragen und Probleme zu philosophieren. Selbst denken und selbst forschen war das pädagogische Credo des kleinen Magisters, in dessen schmächtigem Körper ein großer, weltumspannender Geist wohnte.

Immanuel Kant verlangte von seinen Hörern Aufmerksamkeit und geistige Konzentration und entschädigte sie dafür mit dem Reichtum seiner Ideen, der Weitgespanntheit seiner Interessen und der Tiefgründigkeit seiner Intellektualität. Gottfried Herder, sein Schüler und späterer Kritiker, urteilte über ihn: „Er hatte in seinen blühendsten Jahren die fröhliche Munterkeit eines Jünglings, die, wie ich glaube, ihn auch in sein spätestes Alter begleitete ... Die gedankenreichste Rede floß von seinen Lippen, Scherz und Witz und Laune standen ihm zu Gebot und sein lehrender Vortrag war der unterhaltendste Umgang ... Menschen-, Völker-, Naturgeschichte, Naturlehre und Erfahrung waren die Quellen, aus denen er seinen Vortrag und Umgang belebte; nichts Wissenswürdiges war ihm gleichgültig; keine Kabale, keine Sekte, kein Vorurteil, kein Namensehrgeiz hatte je für ihn den mindesten Reiz gegen die Erweiterung und Aufhellung der Wahrheit. Er munterte auf und zwang angenehm zum Selbstdenken."

Immanuel Kants Vorlesungsthematik war breit gestreut. Er las über Logik und Mathematik, Moralphilosophie und Naturrecht, Theologie, Fortifikationswesen und Pyrotechnik, jedoch nie über seine eigene Philosophie. Bei den Studenten besonders beliebt war sein Kurs über physische Geographie. Über dieses Thema existierten damals keine Lehrbücher und Kant verfügte auch nicht über persönliche Reiseeindrücke. Er hat nie ein Weltmeer gesehen, nie eine Großstadt besucht, nie einen Berg bestiegen, keine

Wüste durchquert. Er schöpfte sein Wissen über fremde Länder aus Reisebeschreibungen, die er im Detail wiedergeben konnte und mit seiner lebhaften Fantasie wunderbar auszuschmücken verstand. Nicht immer war seine Darstellung zutreffend und für seine Hörer überprüfbar. Etwa wenn er über Sibirien behauptete, es liege dort so viel Schnee, dass sich die Menschen nur auf an Füßen befestigten Brettern vorwärts bewegen könnten. Aber er verfasste andererseits eine eindrucksvolle Beschreibung über die Fauna und Flora der Erde und schilderte die Londoner Westminster Bridge so detailgenau, dass man hätte meinen können, er habe etliche Jahre in London zugebracht.

Die Studenten liebten ihren kleinen Dozenten, sie besuchten gerne seine Vorlesungen. Immanuel Kant musste viele Vorlesungen halten und hart arbeiten, um seinen Lebensunterhalt bestreiten zu können, denn vom Staat bekam er keinen Pfennig. Er war auf die Kollegiengelder seiner Hörer angewiesen, die erst mit den Jahren reichlicher flossen.

Ende 1755, gleich zu Beginn seiner Universitätslaufbahn, erschütterte eine riesige Naturkatastrophe den aufklärerischen Optimismus der europäischen Gelehrtenschicht. Lissabon, die blühende Handelsmetropole am Atlantik, wurde durch ein verheerendes Erdbeben dem Boden gleichgemacht, Zehntausende Menschen wurden unter den Trümmern ihrer Häuser begraben. Das Ereignis löste ein Seelenbeben aus, das quer durch den Kontinent ging.

Im Jahr darauf brach der Siebenjährige Krieg aus (1756–1763), in dem Preußen und Großbritannien einer Allianz zwischen Österreich, Frankreich und Russland gegenüber standen. Von den Verheerungen des Krieges blieb Königsberg weitgehend verschont. Die Hauptstadt Ostpreußens wurde jedoch am 22. Januar 1758 von russischen Truppen besetzt und blieb es bis 1762. Die Königsberger Stadtverwaltung, der Adel, die Geistlichkeit und der akademische Lehrkörper mit dem Privatdozenten Kant leisteten Zarin Elisabeth den Treueeid.

Der Studienbetrieb an der Universität ging während der russischen Besatzung seinen gewohnten Gang. Russische Offiziere besuchten Kants mathematische Vorlesungen, einigen von ihnen erteilte er gut bezahlte Privatstunden.

Am 22. April 1764 feierte Immanuel Kant seinen 40. Geburtstag. Er hatte sich längst Achtung und Anerkennung erworben, aber noch immer war er Privatdozent ohne festes Einkommen. Alle seine Bemühungen, eine ordentliche Professur zu bekommen, waren bislang fehlgeschlagen. Das wird ihn wohl geschmerzt haben. Im August dieses Jahres kam aus Berlin die Anfrage, ob er nicht die Professur für Dichtkunst und Rhetorik übernehmen wolle. Kant lehnte dankend ab. Für die Dichtkunst, vor allem der Antike, hatte er etwas übrig, aber Poet war er wirklich keiner. Immerhin erhielt er jetzt eine niedrig besoldete Stelle als Unterbibliothekar an der Königlichen Schlossbibliothek. Dort mussten in ungeheizten, dunklen Räumen die Bestände neu geordnet und katalogisiert werden. Wahrlich keine den Geist stimulierende Aufgabe für einen Philosophen. Immanuel Kant verrichtete sie sechs Stunden die Woche, im Winter mit „steifen Händen und gefrorener Tinte". Er führte sein Vorlesungsprogramm weiter, besuchte das Theater, nahm an den Veranstaltungen eines literarischen Zirkels teil und beschäftigte sich eingehend mit dem Werk Jean-

*Der schottische Philosoph und Historiker David Hume (rechts)
beeinflusste die erkenntnistheoretischen Überlegungen Kants.*

Jacques Rousseaus und des schottischen Philosophen und
Historikers David Hume, die ihm halfen, aus seinem „dog-
matischen Schlummer" zu erwachen. Der französische
Aufklärer befreite Kant nach eigener Darstellung aus der
„Arroganz der Vernunft", die Beschäftigung mit Hume veranlasste ihn zu neuen erkenntnistheoretischen Fragestel-
lungen und zum Überdenken seiner metaphysischen Position.

Um diese Zeit, 1765 oder 1766, machte Kant die Bekanntschaft des englischen Kaufmannes und Gelehrten Joseph Green. Der kauzige Engländer, der literarische und
wissenschaftliche Interessen hatte, wurde sein engster
Freund. Kant stattete Green täglich zur festgesetzten Zeit
pünktlich einen Besuch ab, besprach mit ihm philosophische Fragen und übernahm unter seinem Einfluss dessen
geregelte Lebensweise. Greens Tod am 27. Juni 1786 erschütterte ihn zutiefst. Er besuchte ab diesem Zeitpunkt

keine Abendgesellschaften mehr und führte nur noch ein auf die „Ökonomie" seines Körpers zugeschnittenes und bedachtes Leben.

Unterdessen war der Ruf Kants in deutschen Landen über Königsberg weit hinaus gedrungen. Die Universitäten von Erlangen und Jena boten ihm eine Professur an, die er beide zurückwies. Im März 1770 erhielt er dann endlich den Lehrstuhl, den er so lange angestrebt hatte: Er wurde Professor für Metaphysik und Logik an der Universität Königsberg. In der so genannten Inauguraldissertation, die er in lateinischer Sprache vorzulegen hatte, präsentierte er zum ersten Mal wichtige Aspekte seiner kritischen Philosophie.

Der frisch gebackene Universitätsprofessor brauchte nun nicht mehr so viel zu lesen, aber er unterrichtete immerhin noch 16 Wochenstunden, las auch über neue Themen, wie zum Beispiel über Anthropologie, eine Vorlesung, die bei den Studenten auf großen Zuspruch stieß. Im Sommer 1776 wurde er erstmals Dekan der philosophischen Fakultät. Insgesamt hatte er dieses Amt siebenmal inne, zweimal war er Rektor.

Als Schriftsteller verstummte er. Viele seiner Freunde und gelehrten Zeitgenossen konnten sich sein Schweigen nicht erklären. „Warum schreiben so viele, die nicht schreiben können, und Sie nicht, die es so vortrefflich können?", fragte ihn der Schweizer Theologe und Schriftsteller Johann Kaspar Lavater. Wir wissen nicht, ob er eine Antwort erhielt. Kant war ein säumiger Briefeschreiber.

Nach jahrelanger schriftstellerischer Abstinenz erschienen dann im Jahrzehnt zwischen 1780 und 1790 jene Bücher und Schriften, die Kant berühmt gemacht haben. 1781

publizierte er die „Kritik der reinen Vernunft", 1788 folgte die „Kritik der praktischen Vernunft", 1790 die „Kritik
der Urteilskraft."

Da das erstgenannte Buch, ein 856 Seiten starkes, schwer
verständliches Werk, zunächst überhaupt kein Echo aus-
löste, was Kant irritierte, verfasste er zwei Jahre später die
„Prolegomena zu einer künftigen Metaphysik", in denen
er in knapperer Form die wichtigsten Gedanken auch einem Laien verständlich zu machen versuchte.

Immanuel Kant hat mit seinen Büchern die abendländi-
sche Philosophie revolutioniert. Das philosophische Ge-
dankengebäude des Königsberger Gelehrten in dieser bio-
grafischen Skizze auch nur in seinen Grundzügen darlegen
zu wollen, wäre eine Vermessenheit. In aller gebotenen
Kürze nur so viel: In der „Kritik der reinen Vernunft" beschäftigt sich Kant mit den Möglichkeiten und Grenzen
der menschlichen Erkenntnis. Der Mensch, sagt Kant, habe bisher geglaubt, seine Erkenntnis habe sich nach den
Gegenständen der Außenwelt zu richten. Es sei aber genau
umgekehrt. Die ganze Welt habe sich nach ihm und seinen
Erkenntnissen zu richten. Er selbst bezeichnete diese Sicht
der Dinge als eine kopernikanische Wende in der Philosophie. Da alle Erkenntnisse einerseits von den Sinnesein-
drücken und andererseits von unserem vorgegebenen Ver-
nunftapparat abhingen, es aber von einem höchsten Wesen weder Sinneseindrücke noch Anschauungsformen ge-
be, sei das Wissen von Gott und von der Unsterblichkeit
der Seele lediglich das Produkt unserer Einbildungskraft.
Die Existenz Gottes sei eine Idee und könne weder bewiesen noch widerlegt werden. Das sei Sache des Glaubens.

„Zu den Ideen der Freiheit, Unsterblichkeit und Gottheit",
interpretiert Egon Friedell in seiner faszinierenden „Kul-
turgeschichte der Neuzeit" den großen Philosophen, „können wir nicht auf theoretischem Wege gelangen, da sie über
unsere Erfahrung hinausgehen, wohl aber auf praktischem
Wege, indem wir sie vermöge unseres sittlichen Willens
(zwar nicht zu objektiven, wohl aber) zu subjektiven und
persönlichen Gewissheiten, zu Gegenständen unseres
Glaubens machen." Davon handelt Kants zweites Hauptwerk, die „Kritik der praktischen Vernunft". Er postuliert
darin, dass alle sittlichen Begriffe von der Erfahrung unabhängig ihren Ursprung in der Vernunft haben. Das Sollen, die Pflicht, das Gewissen, der kategorische Imperativ
sind für ihn ein Faktum, dem „Wesen des Menschen ein-
verleibt". Dieses Sollen ist ohne Rücksicht auf Erfahrung,
auf Zeit, Umstände und Individuen allgemeingültig. Und
da das Sollen ein allgemeingültiges Gesetz ist, lautet das
Prinzip der Sittlichkeit: „Handle so, daß die Maxime dei-
nes Willens jederzeit zugleich als Prinzip einer allgemeinen
Gesetzgebung gelten könne."

In seiner „Kritik der Urteilskraft" definierte Kant das
Wesen des Schönen und Erhabenen. Er begründete damit
die Ästhetik der Wissenschaft und wirkte nicht unmaß-
geblich auf die deutsche Klassik, auf Goethe und Schiller,
ein. Seine Philosophie, so Friedell, gelangte zu dem Resultat, dass Wahrheit ein Produkt unseres Verstandes, Sittlichkeit ein Produkt unseres Wollens und Schönheit ein
Produkt unseres Geschmackes ist.

Immanuel Kant war der philosophische Vollender der
Aufklärung und zugleich ihr Überwinder. Vom Meister aus
Königsberg stammt die bis heute gültigste Definition die-

ser alle Lebensbereiche beeinflussenden geistigen und gesellschaftskritischen Emanzipationsbewegung des 18. Jahrhunderts. „Aufklärung ist der Ausgang des Menschen aus seiner selbst verschuldeten Unmündigkeit", formulierte er. „Unmündigkeit ist das Unvermögen, sich seines Verstandes ohne Anleitung eines anderen zu bedienen."

Zusammenfassend: Immanuel Kant hat entscheidende Grundfragen der menschlichen Existenz aufgeworfen, die auch in unserer Zeit von Bedeutung sind: die Frage nach einer humanen, auf dem Prinzip der Rechtsstaatlichkeit beruhenden Gesellschafts- und Weltordnung, nach dem Recht und der Verwirklichung individueller und staatlicher Freiheit.

Kants philosophische Ideen bahnten sich in deutschen Landen in den Köpfen der Gelehrten langsam ihren Weg, fanden freundliche Zustimmung und stießen auf heftige Ablehnung. Einige seiner Zeitgenossen beschuldigten ihn, eine gefährliche Philosophie zu verbreiten und bezichtigten ihn sogar des Atheismus. Vor allem die orthodoxen Kreise innerhalb der katholischen und evangelischen Kirche warfen ihm vor, „die christliche Religion mit teuflischer Bosheit zu untergraben" und verlangten seine Abberufung. Sie drangen in Berlin mit ihrer Forderung jedoch nicht durch. Solange Preußen von Friedrich II. regiert wurde und der fortschrittliche Minister für das Kirchen- und Unterrichtswesen, der Kantianer Freiherr Karl Abraham von Zedlitz, die Hand über ihn hielt, brauchte er keine staatlichen Repressalien zu befürchten.

Am 17. August 1786 starb Friedrich II. (der Große), in dessen Herrschaftsbereich jeder Untertan nach „seiner Fasson" selig werden konnte. Religiöse Unduldsamkeit war dem freigeistig gesinnten König fremd. Das war natürlich ganz im Sinne Kants.

Drei Jahre später, am 14. Juli 1789, erstürmte eine erregte Volksmenge in Paris die Bastille, das verhasste Staatsgefängnis und Symbol der absolutistischen Königsmacht. Es war das Fanal für den Ausbruch der französischen Revolution.

In Deutschland wurden die Ereignisse in Frankreich mit großem Interesse verfolgt. Zu den Persönlichkeiten, die sich für die Revolution begeisterten, gehörte neben Schiller, Fichte und anderen auch der klein gewachsene Philosoph in Königsberg. Als Kant von der Umwandlung Frankreichs in eine Republik erfuhr, rief er, wie ein Bekannter berichtet, aus: „Herr! Nun lasse deinen Diener in Frieden dahin fahren, denn ich habe das Heil der Welt gesehen!" Selbst als die Revolution in die Schreckensherrschaft der Jakobiner einmündete, verteidigte er sie nicht nur im persönlichen Gespräch, sondern auch unerschrocken in aller Öffentlichkeit. Einer seiner Schüler berichtet: „Kant ist ein völliger Demokrat und hat neulich seine Weisheit mich hören lassen. Alle Greuel, die jetzt in Frankreich geschähen, wären unbedeutend gegen das fortdauernde Übel der Despotie, die vorher in Frankreich etabliert war. Höchstwahrscheinlich hätten die Jakobiner Recht in allem, was sie gegenwärtig täten."

In Potsdam war der Philosoph, der die Standesvorrechte der privilegierten Schichten (Adel und Geistlichkeit) auf das entschiedenste ablehnte, indessen längst zur persona ingrata geworden. König Friedrich Wilhelm II., der die Nachfolge Friedrichs II. antrat, war ein zutiefst konservativer Monarch. Er erließ 1788 ein Zensuredikt, das der „Zügellosigkeit der jetzigen so genannten Aufklärer" und der in „Pressfrechheit ausartenden Pressfreiheit" Einhalt gebieten sollte. Selbstverständlich waren ihm auch Kants „schädliche Schriften" ein Dorn im Auge. Bei günstiger Gelegenheit, im Oktober 1794, ließ er dem widerborstigen Philosophen eine Kabinettsorder zustellen, in der er schwere Vorwürfe gegen ihn erhob und ihm bei „fortgesetzter Renitenz unangenehme Verfügungen" androhte. Wörtlich hieß es darin: „Unsere höchste Person hat schon seit geraumer Zeit mit großem Missfallen ersehen: wie Ihr Eure Philosophie zur Entstellung und Herabwürdigung mancher Haupt- und Grundlehren der Heiligen Schrift und des Christentums missbraucht ... Da Ihr selbst einsehen müsset, wie unverantwortlich Ihr dadurch gegen Eure Pflicht, als Lehrer der Jugend, und gegen Unsere, Euch sehr wohl bekannte, landesverräterische Absichten handelt. Wir verlangen des ehesten Eure gewissenhafteste Verantwortung, und gewärtigen uns von Euch, bei Vermeidung Unserer höchsten Ungnade, daß Ihr Euch künftighin nichts dergleichen werdet zu Schulden kommen lassen ..."

Immanuel Kant, dem eine Zwangspensionierung ohne Bezüge drohte, blieb nichts anderes übrig, als zu Kreuz zu kriechen. In seinem Antwortschreiben erklärte er feierlichst, „daß er sich fernerhin aller öffentlichen Vorträge, die Religion betreffend, es sei die natürliche oder geoffenbarte, sowohl in Vorlesungen als in Schriften, gänzlich enthalten werde."

Zum Zeitpunkt der Auseinandersetzung mit dem König und den preußischen Behörden war Kant siebzig Jahre alt.

In diesem Alter galt man damals als Greis. Natürlich hatte die lange Lebenszeit bereits ihren Tribut gefordert. Er war oft unpässlich, die Sehkraft des linken Auges ließ nach, die Verdauung funktionierte schlecht. Er fühle sich auf schwächliche Art gesund, er habe stets mit Unpässlichkeiten zu kämpfen, ohne ernsthaft krank zu sein, klagte er immer wieder. Kant hatte eine hypochondrische Ader.

Geistig leistete er immer noch Erstaunliches. 1795 veröffentlichte der greise Philosoph die Schrift „Zum ewigen Frieden", in der er sich für eine Abschaffung der stehenden Heere, eine bürgerlich-republikanische Verfassung in jedem Staat und weit blickend für einen Völkerbund, „eine Föderation freier Staaten" aussprach, eine Idee, die bekanntlich erst nach dem Ersten Weltkrieg (Völkerbund) und nach 1945 (UNO) verwirklicht wurde. Es folgten noch ein paar Arbeiten, die hauptsächlich auf seinen Vorlesungen basierten, und kleinere Abhandlungen. Dann hörte die Öffentlichkeit nichts mehr von ihm. Aus dem Universitätsbetrieb hatte er sich bereits Mitte 1796 zurückgezogen.

In den letzten fünf Jahren seines Lebens war Immanuel Kant vor allem geistig nur noch ein Schatten seiner selbst. Zunächst verließ den Geistesriesen das Kurzzeitgedächtnis. Er vergaß, was er kurz zuvor getan hatte oder hätte tun wollen, erzählte etliche Male am Tag die gleichen Geschichten, lebte mehr in der Vergangenheit als in der Gegenwart. Er merkte sich nichts mehr, konnte keine zusammenhängenden Gedanken mehr fassen. Es wurde immer schwieriger, mit ihm ein Gespräch zu führen. Zuletzt konnte er sich überhaupt nicht mehr verständlich machen.

Auch körperlich verfiel er von Jahr zu Jahr, von Monat zu Monat, bis zur völligen Hilflosigkeit. Zwar stand er morgens immer noch um fünf Uhr auf, aber seine Spaziergänge wurden kürzer, seine Schritte zappeliger. Schließlich stellte er die Rundgänge ganz ein, da er ohne fremde Hilfe nicht mehr gehen konnte. Tagsüber schlummerte er auf seinem Stuhl ein, er konnte kaum noch etwas zu sich nehmen, in der Nacht plagten ihn Alpträume. Ein Diener und seine um sechs Jahre jüngere Schwester Barbara kümmerten sich rund um die Uhr um den völlig hilflosen Mann.

Im Oktober 1803 verschlechterte sich Kants Befinden offenbar infolge eines Schlaganfalls so sehr, dass er zum ersten Mal in seinem Leben das Bett hüten musste. Er erholte sich wieder ein wenig, aber der Tod, den er herbeisehnte, wartete immer noch zu. Dann, am 12. Februar 1804, um 11 Uhr vormittags, hörte sein Herz auf zu schlagen. Der preußische Untertan, der große Philosoph aus Königsberg, dessen Ideen die Welt geistig verwandelt hatten, war sanft entschlafen.

Sechzehn Tage nach seinem Tod wurde der Leichnam Immanuel Kants in einem feierliche Trauerzug, an dem Tausende seiner Mitbürger teilnahmen, der Erde übergeben. Ein Geistlicher war nicht unter den Trauergästen.

PRINZ EUGEN VON SAVOYEN

Kühner Schlachtenlenker und Kunstmäzen

Seit dem 17. Juli 1683 hält sich Leopold I., von Gottes Gnaden römisch-deutscher Kaiser, König von Böhmen und Ungarn, Erzherzog von Österreich etc. etc., in der fürstbischöflichen Residenz in Passau auf. Er hat dort mit seiner hochschwangeren Gattin und seinem Hofstaat vor den Osmanen, die seine Haupt- und Residenzstadt seit dem 14. Juli belagern, Zuflucht gefunden. Der bedächtige, fromme und entschlussschwache Monarch wollte die Gefahr, die ihm vom Sultan in Konstantinopel drohte, lange nicht wahrhaben. Er vergnügte sich noch bei der Hirschjagd, als schon Gefechtslärm zu hören war. Erst im allerletzten Augenblick ist er geflüchtet.

Die Residenz der Fürstbischöfe ist für den kaiserlichen Hofstaat natürlich viel zu klein. Es herrscht täglich ein Riesengedränge. Diplomaten und Militärs, die beim Kaiser vorsprechen, ihn beraten, geben einander die Türklinke in die Hand. Kuriere kommen und gehen, bringen chiffrierte Meldungen über die Kriegslage, über die Vorbereitungen für den Entsatz der Stadt, werden mit Befehlen zu den einzelnen Truppenkörpern losgeschickt. Der Kaiser besucht oft die Messe im nahen Dom, empfängt die Kommunion, betet viel, fleht um die Hilfe des Allmächtigen.

In der Stadt am Zusammenfluss von Inn, Donau und Ilz finden sich in diesen Wochen zahlreiche Höflinge ein, die den brennenden Wunsch haben, einen militärischen Beitrag zum Entsatz Wiens, des Bollwerks der Christenheit gegen den Ansturm des Islam, zu leisten. Einer von ihnen ist ein unscheinbarer, kleiner französischer Kavalier, ein gewisser Chevalier de Soissons. Er ist aus Frankreich geflüchtet, am 8. August in Passau angekommen und will unbedingt beim Kaiser vorsprechen, in dessen Armee er aufgenommen werden möchte. Freilich, der Monarch wird abgeschirmt. Wer zur Audienz bei ihm vorgelassen wird, muss einen einflussreichen Fürsprecher haben. Der Chevalier de Soissons, bei dem es sich um keinen Geringeren als den späteren Eugen von Savoyen handelt, findet ihn in der Person des spanischen Botschafters Marchese Carlo Borgomanero. Er muss zunächst einmal sein Anliegen schriftlich fixieren. Wir kennen den Entwurf des Dokumentes. Der Prinz hat es eigenhändig abgefasst. Er formulierte es so: „Ich bekenne offen, dass ich diesen Entschluss erst gefasst habe, nachdem ich versucht hatte, dem Beispiel meiner Ahnen folgend, meinem Land und dem Hause Bourbon mit ganzer Kraft zu dienen, und nachdem ich vergeblich bemüht war, in den Dienst der französischen Krone zu treten. Das Schicksal meiner Mutter verhinderte jedoch eine Karriere in der französischen Armee, obwohl weder meiner Mutter noch mir selbst jemals etwas nachgewiesen werden konnte. Ich versichere Euch, allergnädigster Kaiser, meiner unverbrüchlichen Treue, und dass ich all meine Kraft, all meinen Mut und notfalls meinen letzten Blutstropfen dem Dienst Eurer Kaiserlichen Majestät sowie dem Wohle und Gedeihen Eures großen Hauses widmen werde."

Das war ein Gelöbnis. Der Prinz hat es eingehalten, Buchstabe für Buchstabe.

Die Audienz bei Leopold I. verzögert sich. Der Prinz muss sich gedulden. Der Kaiser ist unpässlich. Er hat Brechreiz und Durchfall und muss das Bett hüten. Am 14. August ist es dann so weit. Der Barockkaiser mit der typischen habsburgischen Unterlippe und dem markant vorspringenden Kinn, den die Wiener späterden den „Türkenpoldl" nennen, und der kleine Prinz, der auch nicht gerade ein Adonis ist, treffen einander zum ersten Mal. Über die Details der Begegnung sind wir nicht unterrichtet. In welcher Sprache haben sie sich verständigt? Ich nehme an auf Französisch, denn Eugen von Savoyen ist damals der deutschen Sprache nicht mächtig gewesen und der Kaiser sprach das Französische fließend.

Der Prinz dürfte ihm sympathisch gewesen sein. Er entsprach jedenfalls seinem Wunsch und nahm ihn als Kriegsfreiwilligen in das Heer auf. Oder tat er es nur, weil Not am Mann war, weil er jede Seele im Kampf gegen die Osmanen gut brauchen konnte? Sei es, wie es sei. Leopold I. entscheidet, dass sich Prinz Eugen als Volontär beim Herzog von Lothringen, dem Oberbefehlshaber des kaiserlichen Entsatzheeres, zur Dienstleistung melden soll. Es war eine Entscheidung von immenser historischer Bedeutung, nicht nur für das Haus Habsburg. Aber das konnte damals niemand ahnen.

Prinz Eugen reiht sich als einer von mehreren ausländischen Prinzen in das bunt zusammengewürfelte kaiserliche Heer ein und besteht am 12. September 1683 in der Entsatzschlacht vor den Toren von Wien seine Feuertaufe. Zum ersten Mal in seinem Leben steht er dem Feind gegenüber, gegen den er in den nächsten Jahren und Jahrzehnten seinen Ruf als überragender Feldherr begründen und seine glanzvollsten Siege erringen wird: dem Heer der Osmanen. Mit der siegreichen habsburgischen Armee zieht er in die Kaiserstadt an der Donau ein und bricht ein paar Tage später im Truppenverband Ludwig Wilhelms von Baden zur Verfolgung des Feindes nach Ungarn auf. Er sammelt Kriegserfahrung und scheint sich zur Zufriedenheit seiner militärischen Vorgesetzten tapfer geschlagen zu haben. Nach etwa einem Monat kehrt er mittellos nach Wien zurück. Das Kriegsabenteuer ist vorläufig zu Ende, er muss sich eine Existenzgrundlage schaffen.

Eugen von Savoyen wurde am 18. Oktober 1663 als jüngster von fünf Söhnen des Prinzen Moritz Graf von Savoyen-Carignan und seiner Frau Olympia Mancini in Schloss Soissons in Paris geboren. Der Vater, der es im Verlauf einer erfolgreichen Karriere bis zum Kommandeur der Schweizer Garde brachte, war mehr auf dem Kriegsschauplatz zu Hause als bei seiner Familie. Er starb, als Eugen zehn Jahre alt war und hat auf dessen Erziehung kaum Einfluss genommen. Die Mutter, eine sinnliche, heitere Italienerin aus dem niederen Adel, war eine Nichte Kardinals Mazarin, der vom päpstlichen Offizier zum leitenden Minister Ludwigs XIV., des „Sonnenkönigs", aufstieg. Olympia kam im Kindesalter nach Paris und wuchs im Palais Royal mit den königlichen Prinzen auf. Sie war eine Spielgefährtin Ludwigs und wurde, als die beiden zu jungen Menschen herangewachsen waren, die erste Dame seines Herzens. In ihrem Palais, wo sich der französische Hochadel ein Stelldichein gab, war der König am Spieltisch ein ständiger Gast. Das blieb auch so, als Ludwig die spanische Infantin Maria Theresia ehelichte. Der König erhob seine Jugendliebe so-

*Prinz Eugen von Savoyen in der Rüstung eines
reichen Feldherrn*

gar zur Obersthofmeisterin. Die temperamentvolle Südländerin verstrickte sich freilich in das Intrigenspiel am Königshof, sodass sie Ludwig schließlich ihres Amtes enthob und aus seinem Gesichtskreis verbannte.

Um die Erziehung ihrer Kinder kümmerte sich die Frau Mama so gut wie gar nicht. Eugen wuchs unter der strengen Hand seiner Großmutter in einer Atmosphäre häuslicher Skandale und kindlicher Zurücksetzungen auf. Er wurde mit seinen Geschwistern von Hauslehrern unterrichtet und erhielt alles andere als eine gediegene Ausbildung. In den düsteren Mauern des Schlosses Soissons hatte er weder die Chance noch die Gelegenheit, mit Menschen höherer Bildung in Kontakt zu kommen. Es fehlte ihm natürlich auch an elterlicher Liebe und Zuwendung. Dazu kam seine ungünstige physische Konstitution. Eugen war klein und hässlich, er hatte eine unschöne Nase und war keineswegs gut gewachsen. Liselotte von der Pfalz, die kritische Chronistin der französischen Hofgesellschaft, bezeichnete ihn mit einem Anflug von Sarkasmus als „kleines, mutwilliges, schmutziges Büblein". All das, seine seelischen Verwundungen und seine körperlichen Defizite, haben zur Formung seines Charakters entscheidend beigetragen.

Wie die meisten jüngeren Söhne des Adels war Eugen für den geistlichen Stand bestimmt. Er trug ab dem 8. Lebensjahr als Zeichen seiner künftigen Bestimmung Tonsur und Soutane und wurde in Hofkreisen als „kleiner Abbé" verspottet. Das wurmte ihn gehörig und stachelte seinen Ehrgeiz an. Nein, Priester wollte er unter keinen Umständen werden. Der Prinz träumte von einer militärischen Karriere, von Heldentaten auf den Schlachtfeldern. Er wollte der Welt zeigen, was in seinem schmächtigen Körper an

Kraft und Energie steckte. 1683, im Alter von zwanzig Jahren, bewarb sich Eugen in einer Audienz bei Ludwig XIV. um Aufnahme in die französische Armee. Der König staunte nicht wenig, als ihm der Prinz sein Anliegen vortrug. Wie? Der kleine, lächerliche Gnom, der vor ihm stand, wollte Offizier werden? Der „Roi soleil" wies das Ansinnen brüsk und hochmütig zurück. In seinem Stolz tief getroffen, entschloss sich Eugen zur Flucht aus Frankreich, die er gemeinsam mit Louis-Armand Conti, Ludwigs Schwiegersohn, in der Nacht zum 27. Juli 1683 antrat. Vergeblich versuchte der König, ihn durch Agenten, die er ihm nachschickte, zur Rückkehr zu bewegen. Es war zu spät. Die Würfel waren gefallen.

Nach dem Türkenkrieg erhielt Eugen vom Kaiser in Anerkennung seiner „fürtrefflichen Qualitäten, seiner Valor und Tapferkeit" das Dragoner Regiment Kuefstein, dessen Inhaber gestorben war. Er war jetzt kaiserlicher Oberst mit einer jährlichen Gage von zehn- bis zwölftausend Gulden. Sein Einkommen war vorerst gesichert, aber weite Sprünge konnte er damit nicht machen. Schulden waren zu begleichen und zudem musste er das Regiment wieder ergänzen, das schwere Einbußen erlitten hatte. Ein Regimentskommandant musste seine Truppen weitgehend aus eigenen Mitteln ausrüsten und oft auch besolden. Die kaiserliche Kasse war nicht selten leer. Der Monarch war bei allen seinen Kriegen auf Truppenkontingente angewiesen, die ihm von den Fürsten und befreundeten Staaten zur Verfügung gestellt wurden. Aber dafür musste er ihnen Zugeständnisse machen, ihnen das Oberkommando über Armee-Einheiten übertragen und ihnen Rangerhöhungen zugestehen.

Leopold I. benötigte für die Kriege, die er führte oder zu führen gezwungen war, nicht nur Soldaten, sondern vor allem Geld, Geld und wieder Geld. Aber er hatte keines. Die Geldmisere, die Finanznot zieht sich wie ein roter Faden durch die Geschichte des Hauses Habsburg. Die Bevölkerung war ausgeblutet, die Kriegskasse leer. Die Türkensteuer aus den Ländern und die Hilfsgelder aus dem Reich flossen nur spärlich. Die Hofkammer, die zentrale Finanzbehörde des Habsburgerreiches, musste immer wieder bei privaten Bankiers, Wechselhäusern und Kriegslieferanten Darlehen aufnehmen, um die riesigen Löcher zu stopfen, die die Kriege im Staatssäckel rissen. Zu ihrer Begleichung wurden Steuern erhöht, der Feingehalt der Münzen verschlechtert, Anleihen aufgelegt, die Staatseinnahmen, ganze Landstriche und selbst ein Teil der Kronjuwelen verpfändet. Aber all das reichte bei weitem nicht. Zahlreiche habsburgische Herrscher steckten bis zum Hals in Schulden, schon gar der „Türkenpoldl". Leopold I. konnte seine Kriege nur führen, weil sie hauptsächlich aus privater Quelle finanziert wurden.

Der wichtigste Geldgeber Kaiser Leopolds I. war der jüdische Financier Samuel Oppenheimer. Leopold war kein Freund der Juden. Er hatte 1670 die Auflösung des Ghettos und die Vertreibung der jüdischen Gemeinde, die damals etwa 4000 Personen zählte, aus Wien verfügt. Die Güter der Gemeinde am Unteren Werd, einem Teil des heutigen zweiten Wiener Gemeindebezirkes, wurden konfisziert. Ihrer Habe beraubt, verließen die jüdischen Ärzte, Juristen, Händler und Kaufleute mit ein paar Habseligkeiten die Stadt und fanden in Böhmen, Mähren und Schlesien Aufnahme. Einige Familien fanden in Berlin eine neue

Heimstätte. Die Synagoge wurde abgerissen und an ihrer Stelle die Leopoldskirche errichtet, die 1683 der Türkenbelagerung zum Opfer fiel.

Der kaiserliche Gewaltakt brachte den Monarchen in schwere finanzielle Bedrängnis. Die Juden hatten eine jährliche Sondersteuer von 10.000 Gulden zu entrichten gehabt, die nun in der kaiserlichen Hofkasse fehlten. Die oberste Finanzbehörde drängte den Kaiser, die Juden zurückzurufen. Aber Leopold konnte sich zu dieser Maßnahme lange Zeit nicht durchringen. Erst als die Staatsfinanzen völlig am Ende waren, gestattete er Oppenheimer, nach Wien zu kommen. Oppenheimer belieferte die Armee mit Kriegsmaterial (Schießpulver, Blei, Waffen) und Proviant (Mehl, Hafer etc.) und versorgte den Hofstaat mit Artikeln aller Art, vom Wein bis zum kostbarsten Schmuck. Ohne den „Hofjuden", den der Kaiser zum Kriegsfaktor (Armeelieferanten) und schließlich zum Oberkriegsfaktor ernannte, hätte Leopold die Kriege gegen die Türken und Franzosen nicht führen können. Das Geld, das er dem Kaiser vorstreckte, bekam Oppenheimer nur zögerlich und nur zum Teil zurück. Immer wieder musste der Hofbankier darum untertänigst bittstellig werden. Auch verlangte er keineswegs Wucherzinsen. Seine Gegner, allen voran der Erzbischof von Wien, Graf Sigismund Kollonitsch, und der kaiserliche Hofprediger, Abraham a Sancta Clara, beide erklärte Antisemiten, machten jedoch vehement gegen ihn Stimmung. Man machte den verhassten „Hofjuden" für Engpässe in der Versorgung ebenso verantwortlich wie für die hohen Lebensmittelpreise. Samuel Oppenheimer, der dem Kaiser immer wieder finanziell aus der Patsche half, wurde als Kriegsgewinnler denunziert, als jüdischer Blutsauger gebrandmarkt und wegen Betrugsverdachtes mehrere Male in den Kerker geworfen.

Die antisemitische Hetzerei auf den nachgewiesenermaßen mildtätigen Mann, der dem habsburgischen Kaiserhaus redlich und treu diente, verfehlte nicht ihre Wirkung. Im Sommer des Jahres 1700 stürmte der Pöbel das Haus des kaiserlichen Geldgebers am Bauernmarkt, demolierte das Mobiliar, stahl alle Wertgegenstände und verbrannte einen Großteil der Geschäftsbücher. Kreditbriefe, Schuldverschreibungen und Pfandrechte in der Höhe von 100.000 Gulden wurden vernichtet. Die Stadtguardia schritt erst ein, als das Plünderungswerk vorüber war. Zwei der Rädelsführer wurden zwar kurzerhand aufgehängt, aber das Bankhaus Oppenheimer, dem die zahlungsunfähige Hofkammer nicht weniger als sechs Millionen Gulden schuldete, ging in Konkurs und riss den Staat mit in den finanziellen Abgrund.

Oppenheimer verwand den Zusammenbruch seiner Bank nicht. Er starb am 3. Mai 1703 und hinterließ kein Vermögen, sondern einen riesigen Schuldenberg. Sein Nachfolger als kaiserlicher Financier war sein Schwiegersohn Samson Wertheimer, der jedoch wesentlich vorsichtiger disponierte. Der Kaiserhof bekam es zu spüren.

Prinz Eugen, der es zu diesem Zeitpunkt in der kaiserlichen Armee bereits weit gebracht hatte, war über die Vorgänge rund um das jüdische Bankhaus keineswegs erfreut. Er wusste, was das Kaiserhaus Oppenheimer schuldete. Und wenn die Geldmittel nicht mehr so reich flossen, war auch er unmittelbar davon betroffen.

Sein militärischer Aufstieg vollzog sich übrigens beina-

gewiesen ist. Guter Rat ist teuer. Da hat Graf Rüdiger von Starhemberg, der Hofkriegsratspräsident, die Idee, dem Kurfürsten den Prinzen Eugen zur Seite zu stellen. „Ich weiß keinen", schrieb er in einem Gutachten dem Kaiser, „der mehr Verstand, Experienz, Application und Eifer zu Eurer Kaiserlichen Majestät Dienst hätte, auch die Liebe und Respekt bei der Miliz, als der Prinz von Savoyen". Er habe sich in Italien bewährt und werde auch in Ungarn Respekt und Gehorsam bei der „Armata" wiederherstellen.

Der Vorschlag des Mannes, der Wien 1683 gegen die Osmanen verteidigt hat, findet Gehör. Der Kaiser ernennt den Savoyer zum Nachfolger Capraras. Eugen ist keineswegs begeistert, unter dem militärisch ideenlosen Kurfürsten den Stellvertreter zu spielen. Aber er gehorcht selbstverständlich und begibt sich in das Feldlager. Da kommt ihm die Dynastengeschichte zu Hilfe. Friedrich August wird König von Polen und pfeift auf den Oberbefehl im Türkenkrieg. Der Weg an die Spitze der Armee für Prinz Eugen ist frei. Der Kaiser, der den Prinzen zwar sehr schätzt, seine Entscheidungen aber für zu kühn und wagemutig hält, fühlt sich bemüßigt, ihn zum vorsichtigen Handeln zu ermahnen. Er solle „solche Mesuren nehmen, damit man sich keiner Gefahr, geschlagen zu werden, unterwerfe, folglich dem Feind in solchen Posten begegnen, wo Deiner Liebden den Rücken und beide Flanken wohl versichert haben ...", wies er den jungen Oberbefehlshaber im Amts-(Kaiser-)Deutsch dieser Zeit an. Mein Gott, was verstand der Kaiser schon vom Kriegführen? Der „Türkenpoldl" hatte nicht die leiseste Ahnung, was auf den Schlachtfeldern, auf denen seine Söldner zu Tausenden verbluteten, vor sich ging.

Der neue Oberkommandierende inspiziert zunächst seine Truppen. Was er sieht, treibt ihm den Schweiß aus den Poren. General Graf Guido Starhemberg meldet ihm die Einsatzbereitschaft von 31.142 Mann. Eugen glaubt sich verhört zu haben. Es sollen doch 80.000 sein, nicht wahr? „Ja, auf dem Papier", entgegnet der General, aber die Realität sieht eben anders aus. „Nun", gibt sich der Prinz gelassen, „dann bin ich eben der 31.143ste und wir werden bald noch mehr werden." Es wurden mehr, jedoch nicht mehr als 50.000 Mann.

Es fehlte nicht nur an Soldaten, es mangelte an allem und jedem: die Kampfmoral ließ zu wünschen übrig, der Nachschub klappte nicht, die Krieger waren bereits mehrere Monate ohne Sold. „An der Theiß ist nur für vier Wochen Mehl, für zwei bis längstens drei Tage Futter und für zehn Tage Brennholz", meldete der Prinz seinem Allerdurchlauchtigsten Herrn in Wien.

Eugen geht mit vollem Einsatz ans Werk. Er borgt Geld, um die Soldrückstände bezahlen zu können, er macht den Soldaten Mut, erfüllt sie mit Zuversicht, stellt Zucht und Ordnung wieder her, steigert die Schlagkraft und die Einsatzbereitschaft des Heeres.

Als die Armee kampfbereit ist, führt sie Eugen in tagelangen Märschen nach Peterwardein, um die für den Besitz Ungarns so wichtige Festung, die der Feind zu bedrohen scheint, zu schützen. Der Sultan verzichtet daraufhin auf eine Erstürmung und stößt nach Norden gegen Szegedin vor. Sofort reagiert der Prinz auf die geänderte Situation und führt das Heer ebenfalls nach Norden. Im 17. und 18. Jahrhundert waren Kriege taktische Manöver. Die Feld-

herren versuchten, den Gegner in seiner Operationsfrei-
heit einzuengen, sich im Terrain eine günstige Ausgangs-
position zu verschaffen und bei passender Gelegenheit los-
zuschlagen. Genau das passierte auch am 11. September

„Apotheose des Prinzen Eugen",
Skulptur von Balthasar Permoser

1697 in der Schlacht bei Zenta. Als die türkische Armee an diesem blutigen Tag auf einer Schiffsbrücke die Theiß überschreitet, nützt der Prinz diese Schwäche des Gegners zu einem überraschenden Angriff. Er dirigiert seine Armee aus der Marschformation direkt in die Schlachtordnung und schlägt los, obwohl bereits der Nachmittag angebrochen ist. Zu solch später Stunde eine Schlacht zu beginnen, ist ein ungeheures Risiko, aber der Feldherr geht es ein. Seine Kühnheit wird mit einem denkwürdigen Sieg belohnt. Als die Sonne an diesem Tag untergeht, bedecken etwa 20.000 bis 30.000 osmanische Krieger das Schlachtfeld. Auf Seiten der Kaiserlichen haben 28 Offiziere und 401 Mann ihr Leben für Gott, Kaiser und Vaterland eingebüßt. Die Kriegsbeute, die Eugen in die Hände fällt, ist riesig: Waffen und Munition, Fahnen, Standarten, Rossschweife, Pauken, ungezählte Pferde, Kamele, Ochsen, ungeheure Mengen an Proviant und als kostbarstes Stück das türkische Reichssiegel mit dem Monogramm des Sultans.

Im ausführlichen schriftlichen Schlachtbericht für den Kaiser pries Eugen „den tapferen Heldenmut Dero gesammelter Generalspersonen und gemeinen Soldaten" und fand für den Sieg eine geradezu lyrische Formulierung. „Diese viktoriose Aktion", meldete er seinem Souverän, „hat sich geendet mit Scheidung von Tag und Nacht und hat sogar die Sonne selbst von dem Tage nicht ehender weichen wollen, bis sie mit ihrem glänzenden Auge den völligen Triumph E. kais. Mt. glorwürdigsten Waffen hat vollständiglich mit anschauen können." Für den Kaiser muss dieser Sonnengesang ein Labsal gewesen sein. Eine andere Passage des Berichtes verdeutlicht die Gräuel, die in allen Schlachten von der Antike bis in unsere Zeit verübt werden. „Der Soldat ist so ergrimmt gewesen", heißt es da, „daß er fast keinen Pardon gegeben, obschon Paschas und Offiziere sich gefunden, welche viel Geld versprochen haben, und befinden sich daher gar wenig Gefangene (in unserer Hand)." Mit einem Wort: man stach und hieb den Feind erbarmungslos nieder.

Der Sieg der kaiserlichen Armee bei Zenta machte den Prinzen Eugen zum berühmtesten Feldherrn seiner Zeit. Der venezianische Botschafter urteilte: „Er besitzt vollendete Kriegserfahrung und kümmert sich um die kleinsten Dinge. Er hat dazu in hohem Maße Mut und Besonnenheit und ordnet sich die gegebenen Gelegenheiten. Wortkarg und zurückhaltend teilt er seine Anerkennung nach dem Verdienst zu." Eugen war nicht nur ein hervorragender Feldherr, sondern auch ein vorbildhafter Truppenführer. Er stürzte sich, wenn es Not tat, mitten in das Kampfgetümmel, was ihm die Achtung, ja sogar die Zuneigung des einfachen Soldaten eintrug.

Zenta veränderte die militärische Situation. Die Angriffskraft des osmanischen Heeres war gebrochen, die Sultane mussten ihre Pläne, die Kaiserstadt Wien zu erobern, endgültig begraben. Das Haus Habsburg vergrößerte seinen Herrschaftsbereich in Ostmitteleuropa.

Der siegreiche Feldherr führte einen Teil seiner Armee in die Winterquartiere und drang dann mit einer kleinen Streitmacht bis nach Sarajewo vor. Als die Türken den Boten, den Eugen mit der Aufforderung zur Übergabe der Stadt vorausgeschickt hatte, tätlich angriffen und verwundeten, gab der Savoyer den Befehl zur Plünderung. „Man hat die Stadt völlig niedergebrannt und auch die ganze Umgebung. Unsere Trupps, die den Feind verfolgten, haben

Beute eingebracht, und auch Frauen und Kinder", notierte er in seinem Kriegstagebuch. Der „edle Ritter" war ein beinharter Krieger, der auch vor brutaler Gewalt nicht zurückschreckte, wenn es darauf ankam. Er unterschied sich in dieser Hinsicht um kein Jota von den anderen Militärs seiner Zeit. Als einmal zwei Dragonerregimenter meuterten, weil sie längere Zeit keinen Sold erhalten hatten, ließ er kurzerhand 20 Mann hängen. Zwölf wurden erschossen und die übrigen Meuterer verurteilte er zum Spießrutenlaufen.

Nach dem Sarajewo-Abenteuer kehrte der Prinz nach Wien zurück, wo er vom Kaiser feierlich empfangen und fürstlich belohnt wurde. Leopold schenkte ihm einen kostbaren, mit Juwelen besetzten Degen und eine große ungarische Herrschaft mit zwanzig Dörfern im Mündungsbereich der Drau. Bereits 1694 hatte der Feldmarschall für 83.000 Gulden ein Haus in der heutigen Himmelpfortgasse in der Wiener Innenstadt gekauft, dessen Umbau zu einem Stadtpalais er dem kaiserlichen Hofarchitekten Johann Bernhard Fischer von Erlach anvertraute. Außerhalb der Stadtmauern erwarb er Grundstücke am Rennweg, wo er ein Barockschloss zu errichten gedachte. Wir werden darauf noch zu sprechen kommen. Aus dem mittellosen Prinzen, der 1683 nach Österreich kam, war, wie man sieht, nicht nur ein erfolgreicher Feldherr geworden. Die Friedensverhandlungen nach dem 16-jährigen Türkenkrieg, zu denen er nicht beigezogen wurde, handelten die Diplomaten aus.

Der Türkenbesieger konnte sich nicht lange auf seinen Lorbeeren ausruhen und Bauplänen nachhängen. Bereits 1701

Das Obere Belvedere in Wien, Kupferstich von Salomon Kleiner

gab es wieder Krieg. Nach dem Tod des letzten spanischen Königs ging es dabei um die Erbfolge im Königreich Spanien, die sowohl die Habsburger wie die Bourbonen für sich beanspruchten. Die beiden Dynastien ließen für ihre politischen Ziele und Machtinteressen – die Vorherrschaft in Europa – wieder einmal und erneut ihre Völker bluten. Kriegsschauplätze waren Italien, Belgien, der Oberrhein und Bayern, und selbstverständlich führte Prinz Eugen wieder den Oberbefehl über die kaiserliche Armee.

Wie schon im Türkenkrieg erwies er sich auch jetzt als genialer Meister des Taktierens, überraschender Entschlüsse und außergewöhnlicher Feldherrnkunst.

Er machte zu Beginn des Krieges mit einer tollkühnen Überquerung der Alpen, bei der er seinen Truppen alles abverlangte, riesigen Eindruck und erfocht gemeinsam mit dem englischen Heerführer John Churchill Herzog von Marlborough – Großbritannien war mit dem Habsburgerreich verbündet – einige glänzende Siege.

Die beiden Männer empfanden gleich bei ihrem ersten Zusammentreffen füreinander große Sympathie, die sich im Verlaufe ihrer militärischen Zusammenarbeit zur Freundschaft entwickelte, obwohl sie nach Abkunft, Charakter, Temperament und Erscheinung grundverschieden waren. Winston Churchill, Großbritanniens legendärer Premierminister während des Zweiten Weltkrieges, hat in einem vierbändigen Werk über seinen Vorfahren die Kontraste hervorragend dargestellt: „Hier der Engländer, mit seinen edlen und ebenmäßigen Zügen, seiner rosigen Haut, der lässigen Haltung des Höflings, dem spöttischen Lächeln und jener Aura von verhaltener Kraft – dort der französisch- österreichisch-italienische Kopf, vibrierend vor Energie, mit olivenfarbigem Teint und voller innerer Glut." Und weiter: „Hier Marlborough: ruhig, liebenswürdig und zurückhaltend; dort Eugen: glühend, gestenreich und heroisch." Auch ihr Leben verlief unterschiedlich: „Hier Marlborough, das Muster eines Ehemannes und Familienvaters, darauf aus, ein Heim zu schaffen und ein Vermögen anzuhäufen; Dort Eugen: ein Junggeselle, ja fast ein Frauenfeind und Geldverächter, zufrieden mit seinem glänzenden Schwert und erfüllt von lebenslangen Ressentiment auf Ludwig XIV."

Als Marlborough wegen des Verdachtes, öffentliche Gelder hinterzogen zu haben, seiner Ämter enthoben wurde und sich Großbritannien anschickte, das Bündnis mit dem Haus Habsburg zu lösen, entsandte Kaiser Karl VI.(Leopold I. war 1705, sein Nachfolger Joseph I. 1711 gestorben) den Prinzen nach England, um dem Freund beizustehen und Großbritannien bei der Stange zu halten.

Es war eine äußerst schwierige diplomatische Mission. Eugen erfreute sich auf der Insel großer Popularität. Er wurde zu Festlichkeiten des Hochadels eingeladen, was ihm freilich wenig Freude bereitete. Er musste sich sorgfältig kleiden, was er ungern tat, mehr essen und trinken, als ihm lieb war, und widerwillig artige Hofknicks machen. Einladungen zum Tanz wies er höflich ab. Das trug ihm bei den Ladys nicht gerade Zuneigung ein. Königin Anna empfing ihn zwar in Audienz, aber für politische Gespräche verwies sie den Kriegshelden an ihre Minister, die ihm die kalte Schulter zeigten. Auch dem Freund konnte er nicht helfen. Nach zweimonatigem Aufenthalt kehrte der Prinz unverrichteter Dinge auf den Kontinent zurück.

Der Spanische Erbfolgekrieg ging 1714 zu Ende. Das Haus Habsburg behauptete seine Großmachtstellung. Prinz Eugen hatte durch seine Feldherrnkunst, aber auch durch sein staatsmännisches Geschick – er hatte bei den Friedensverhandlungen eine hervorragende Rolle gespielt – einen wesentlichen Anteil daran.

Der große Feldherr war jetzt fünfzig Jahre alt und hätte das Kriegshandwerk liebend gern an den Nagel gehängt. Seine Einkünfte waren hoch genug, um sich ein bequemes, fürstliches Leben leisten zu können, seine Baupläne waren längst noch nicht verwirklicht und er besaß, ließ er sich vernehmen, einen ausreichenden Vorrat an guten Büchern, um sich nicht zu langweilen. Allerdings: ein Feldherr im Dienste des Kaisers konnte nicht seinen persönlichen Wünschen frönen, er musste sich (welt-)politischen Zwängen beugen.

Die Osmanen, die Zenta nicht verschmerzt hatten, erklärten im Dezember 1714 der Republik Venedig den Krieg und eroberten Griechenland. Es war vorauszusehen, dass ihr nächstes militärisches Ziel die Rückeroberung Ungarns sein würde. In Wien wurde wieder die Kriegsmaschinerie in Gang gesetzt und Prinz Eugen – wer sonst? – mit der Führung aller damit verbundenen Maßnahmen betraut.

Im August 1716 standen das osmanische und das habsburgische Heer abermals einander gegenüber, wiederum bei Peterwardein. Die Schlacht sah den Türkenbezwinger als Sieger, der danach die Festung Temesvar einnahm und dann den Feldzug beendete. Die Entscheidungsschlacht um den Besitz von Belgrad verschob er auf das nächste Jahr. Die Vorbereitungen dafür wurden auf beiden Seiten sogleich mit Hochdruck in Angriff genommen. Im August 1717 war es dann so weit. Eugen schloss die Festung von der Landseite her ein, geriet dann aber durch das türkische Entsatzheer, das eine Anhöhe im Osten der Stadt besetzte, in die Klemme. Der Prinz entschloss sich am 16. August, ohne mit seinen Generälen Kriegsrat zu halten, zu einem Überraschungsangriff gegen die osmanische Entsatzarmee. Er setzte alles auf eine Karte und siegte. Die Türken ergriffen die Flucht, die Besatzung der Festung kapitulierte. Prinz Eugen hatte den Gipfel seiner Feldherrnkunst und den Zenit seines Lebens erreicht. Das Lied vom „edlen Ritter", wahrscheinlich von einem bayerischen Soldaten getextet, erklang allerorten in deutschen Landen und machte den „kleinen Abbé", der alle seine schriftlichen Äußerungen mit Eugenio von Savoy unterzeichnete (den italienischen Vornamen verband das deutsche „von" mit dem

Prinz Eugen im Kampfgetümmel in der Schlacht bei Belgrad

französischen Nachnamen), zum Volkshelden. Ein ausländischer Heerführer und Staatsmann fand Aufnahme in die Heldengalerie der deutschen Geschichte.

Der Sieg Eugens im letzten Türkenkrieg und der darauf folgende Friedensschluss, durch den das Habsburgerreich seine größte territoriale Ausdehnung erreichte, stellten im Übrigen politisch in Mitteleuropa und auf dem Balkan die Weichen für die nächsten beiden Jahrhunderte.

Prinz Eugen diente drei Kaisern nicht nur als Feldherr. Im Alter von vierzig Jahren ernannte ihn Leopold I. zum Präsidenten des Hofkriegsrates, ein Amt, das er trotz zahlreicher Kabalen und Intrigen bis zu seinem Tod innehatte. Er gehörte nun zum Kreis der engsten Berater des Monarchen.

Der Hofkriegsrat war im Habsburgerreich die oberste Militärbehörde, Eugen war in dieser Funktion gewissermaßen sein eigener Vorgesetzter. Die Aufgabe des Gremiums war es, für die Bewaffnung, Ausrüstung und Verpflegung des Heeres zu sorgen. Darum war es freilich schlecht bestellt. Kriege kosten Geld, aber daran fehlte es in der Donaumonarchie an allen Ecken und Enden. Die Finanzmisere zieht sich wie ein roter Faden durch die gesamte Geschichte des Hauses Habsburg-(Lothringen). Konnte der Savoyer etwas daran ändern? War der Kriegsminister – um das für diese Zeit nicht ganz passende Wort zu verwenden – erfolgreicher als der Feldherr? Nicht wirklich. Die Widerstände waren zu groß, das Kompetenzwirrwarr der Hofbehörden unlösbar. „Eure Exzellenz", schrieb Eugen an Guido Graf Starhemberg, einen Kampfgefährten, „können unmöglich glauben, noch sich einbilden, was große Konfussion im Ministerio hier versiere, und in was Unordnung, seitdem ich Sie in Italien hinterlassen, die Sachen verfallen seien; ja, ich kann Sie versichern, wenn ich nicht selbst gegenwärtig und alles mit Augen sehete, daß mir es kein Mensch glauben machen könnte." Sollte die ganze Monarchie zugrunde gehen, setzte er fort, müsste man es geschehen lassen, denn es stünden ihm nicht mehr als 50.000 Gulden zur Verfügung. Trotzdem und obwohl er des Öfteren nahe daran war, den Posten hinzuschmeißen, hielt der Prinz mit viel Geduld und Beharrungsvermögen durch. Er bombardierte den Monarchen mit Denkschriften über die zum Teil trostlosen Zustände in der Armee und machte Vorschläge für eine Verbesserung, allerdings ohne bleibenden Erfolg. Immerhin gelang es ihm durchzusetzen, dass die Offiziere nach Talent und Leistung und nicht, wie bislang, durch gute Beziehungen und Stellenkauf ernannt und befördert wurden. Und immerhin erreichte er, dass auch die privilegierten Schichten, Adel und Geistlichkeit, bisweilen stärker zur Bestreitung der Kriegskosten herangezogen wurden. Die Hauptlast der vielen Kriege trugen nach wie vor die unteren Bevölkerungsschichten und die Bevölkerung der Gebiete, in denen sich die Kampfhandlungen abspielten und denen man hohe Kontributionen abpresste.

Als Berater des jeweiligen Monarchen war Prinz Eugen jahrzehntelang eine der politisch einflussreichsten Persönlichkeiten des Habsburgerreiches. Er hatte entscheidenden Anteil an den Friedensschlüssen nach dem Spanischen Erbfolgekrieg und den Türkenkriegen und zog durch ein breit gespanntes, dichtes geheimdiplomatisches Netz hinter den Kulissen viele Jahre hindurch die Fäden der kaiserlichen Außenpolitik. Die Stützen seiner Geheimdiplomatie waren die österreichischen Diplomaten an den verschiedenen europäischen Höfen, die ihm ihren Posten verdankten und ihn mit Nachrichten belieferten. Eugens außenpolitisches Konzept basierte im Wesentlichen auf der Idee des Gleichgewichtes der europäischen Großmächte und innerhalb dieses Rahmens auf der Erhaltung der supranationalen Habsburger-Monarchie. Eugen besaß ein beträchtliches diplomatisches Geschick, das er hinter einer Maske der Undurchdringlichkeit zu verbergen verstand. Der wortkarge Prinz ließ sich nicht in die Karten blicken. Bei Verhandlungen und Gesprächen mit ausländischen Diplomaten verriet keine Gemütsregung, keine Geste, welche Gedanken ihn bewegten, ob er ihre Vorschläge goutierte oder sie ablehnte. Der Diplomat und Staatsmann Prinz Eugen von Savoyen konnte freundlich und entgegenkommend, aber auch schroff und ablehnend sein, jedenfalls war er in allen seinen mündlichen und schriftlichen Äußerungen von zurückhaltender Reserviertheit. „Die Leidenschaften", äußerte er sich einmal in einem Schreiben an einen Diplomaten, „dürfen einen Mann von Ehre nicht verwirren, er steht über dem, was Missgunst ihm anhaben will, und geht stets einen geraden Weg."

Eugen war pflichtbewusst, bescheiden und ungeheuer selbstdiszipliniert, philosophisch gesehen ein Stoiker, der aber natürlich auch menschliche Schwächen hatte. Er war nicht frei von Hass und Zorn, Kränkungen vergaß er selten und auch Rachsucht war ihm nicht fremd. Schließlich hatte er auch eine Schar von übel wollenden Gegnern, derer er sich erwehren musste.

Prinz Eugen war Junggeselle. Für Frauen interessierte er sich nicht und er hielt auch nicht viel von ihnen. Eine Frau sei für einen Kriegsmann allemal ein „meuble embarrassant", ein lästiges Möbelstück, meinte er. Sie hindere ihn daran, seine Pflicht zu erfüllen und sein Leben aufs Spiel zu setzen. „Frauen werden in Europa viel zu ernst genommen. Da sollten wir von den Türken lernen. Europa wird an den Frauen zugrunde gehen", bemerkte der Frauenfeind offenbar allen Ernstes. Überliefert ist auch seine oftmalige Äußerung, die Verliebten seien in der bürgerlichen Gesellschaft das, was Fanatiker im religiösen Leben seien, nämlich Wirrköpfe.

Ein Wirrkopf war er nicht und wollte er nicht sein. Jedenfalls war er von seiner ganzen Erscheinung her zum Frauenhelden nicht geschaffen. Seine Eroberernatur war auf das Schlachtfeld beschränkt, seine Persönlichkeit beeindruckte vor allem das männliche Geschlecht. Erst im Alter freundete er sich mit einer Dame an, die seine Gäste empfing und sie standesgemäß unterhielt, während er zumeist dasaß und Tabak schnupfte. Sie hieß Eleonore Gräfin Batthyány, gehörte zur guten Wiener Gesellschaft und verstand es, geistreich zu plaudern. Der Prinz schätzte die Anmut der „schönen Lori", saß mit ihr am Spieltisch und besuchte sie in ihrem Palais am Rennweg. Seine Mätresse, wie die Klatschmäuler mutmaßten, war sie nicht. Der klein gewachsene Savoyer war auch nicht homosexuell. Für diese Behauptung fehlt jeder Hinweis.

Als Feldherr war Prinz Eugen bereits zu Lebzeiten berühmt, als Staatsmann und Diplomat anerkannt. Aber von seinen militärischen Siegen und den von ihm ausgehandelten Friedensschlüssen ist nichts übrig geblieben. Die historischen Stürme, die seither über Europa hinweggebraust sind, haben sie verweht. Was vom Savoyer übrig geblieben ist, sind seine wunderbaren Schlösser und Kunstsammlungen. Sie zeugen noch heute von seiner Liebe zu den schönen Künsten und der Spannweite seines Geistes. Eugen, der trotz seines hohen Ansehens in den Kreisen der Hocharistokratie in Wien als Fremder betrachtet wurde, wollte beweisen, dass er auch auf künstlerischem Gebiet durchaus mit ihnen Schritt halten konnte. Er besaß ganz im Stil der Zeit ein großes Bedürfnis nach barocker Selbstdarstellung, das in seltsamem Kontrast zu seiner persönlichen Bescheidenheit steht. Voraussetzung für sein Engagement als Kunstmäzen waren Reichtum und ein gesunder ökonomischer Hausverstand. Über beide verfügte der Prinz in hohem Maße. Die jährlichen Einkünfte des ehemaligen Habenichts beliefen sich auf etwa 400.000 Gulden (ein hoher Beamter hatte vergleichsweise ein Einkommen von 400–500 Gulden pro anno) und der Prinz wusste damit umzugehen.

Bereits 1690 erwarb er in der Himmelpfortgasse ein Haus, das er nach Zukauf weiterer Gebäude durch den Hofbaumeister Johann Bernhard Fischer vom Erlach zu einem siebenachsigen Stadtpalais umbauen ließ. Den weiteren Ausbau und die Fertigstellung des Bauwerkes übertrug der kunstsinnige Bauherr Johann Lucas von Hildebrandt. In seinem prächtigen Winterpalais empfing der Hofkriegsratspräsident ausländische Diplomaten und illustre Gäste, die die prachtvoll ausgestatteten Innenräume nicht genug bewundern konnten. Das Gebäude ist seit 1848 Sitz des Finanzministeriums.

In den Jahren zwischen 1714 und 1715 erbaute Hildebrandt dann für den Prinzen außerhalb der Stadtmauern am Rennweg das Untere Belvedere und einige Jahre später auf der Anhöhe des Geländes das Obere Belvedere, das zu den schönsten Schlossbauten Europas zählt. Es diente Eugen, der an der Planung und Ausgestaltung der Anlage großen persönlichen Anteil nahm und mit dem Architekten eine lange Korrespondenz und viele Detailgespräche führte, für Repräsentationszwecke. Die dazwischen liegende Gartenanlage mit ihren Wasserspeichern, Plastiken, Freitreppen und Blumenrabatten stellt eine wunderbare harmonische Verbindung zwischen den beiden Bauten dar. Prinz Eugen von Savoyen hat mit dem Oberen Belvedere das in der Hofburg residierende Kaiserhaus architektonisch glatt ausgestochen.

Zur repräsentativen Ausstattung eines Barockfürsten, und als ein solcher wollte der kleine Savoyer unbedingt gel-

*Schloss Hof im Marchfeld, der Landsitz des Prinzen Eugen,
ebenfalls von Hildebrandt erbaut, in einem Gemälde von
Bernardo Bellotto Canaletto*

ten, gehörte auch ein Landschloss. Also kaufte er zwischen
Donau und March ein riesiges Areal, auf dem sein Leibar-
chitekt Schloss Hof errichtete, wo sich der Bauherr im wild-
reichen Marchfeld mit seinen Gästen in ländlicher Abgeschiedenheit dem Vergnügen der Jagd widmete. Die prachtvolle Anlage wurde in jüngster Zeit in ihrer ursprünglichen
Form wiederhergestellt und Besuchern zugänglich gemacht.

Prinz Eugen war ein Bücherliebhaber und ein Freund
exotischer Tiere und Pflanzen. Seine Bibliothek umfasste
Bücher aus den verschiedensten Wissensgebieten, Erst-
drucke, Handschriften und Kupferstiche, die er planmäßig
ankaufte und von einem Bibliothekar sachgemäß aufstel-
len ließ. Bücher waren für ihn keine bloßen Dekorations-
stücke, er las sie oder blätterte sie wenigstens durch, wie
Jean-Jacques Rousseau berichtet, mit dem er persönlich verkehrte und der ihm große Verehrung entgegenbrachte.

Auch mit anderen Philosophen und Gelehrten stand der Prinz in Verbindung, mit Wilhelm Gottfried Leibniz verband ihn sogar eine geistige Freundschaft. Prinz Eugen war ein wissbegieriger, weltoffener Mensch, der sich neuen geistigen Strömungen nicht verschloss, aber, ohne ein Frömmler zu sein, an seinem Glauben, am Bekenntnis zur römisch-katholischen Kirche, festhielt.

Am 18. Oktober 1733 beging Prinz Eugen in Schloss Hof seinen 70. Geburtstag. Sein körperlicher und geistiger Verfall hatte längst eingesetzt. Der strahlende Kriegsmann von einst kränkelte seit Jahren. Eine chronische Bronchitis plagte ihn, seine kleinwüchsige Gestalt wirkte hinfällig, seine Schritte waren unsicher, seine Hände zittrig. Trotzdem – es war wieder Krieg – musste er 1734/35 noch einmal in das Feld ziehen. Es kam ihn schwer an und er bewirkte auch nichts mehr. Nach seiner Rückkehr war er so geschwächt, dass er seinen Amtspflichten nur noch mühsam nachkommen konnte. Er musste Termine absagen, die Korrespondenz von seinem Sekretär erledigen lassen. Der Hochzeit Maria Theresias, der ältesten Kaisertochter, mit Franz Stephan von Lothringen musste er nolens volens fernbleiben.

Zu Beginn des Jahres 1736 berichtete Fürst Wenzel Liechtenstein dem preußischen Kronprinzen: „Der Prinz Eugen ist sehr schlecht dran, und ich glaube nicht, daß er den Monat März überleben wird." Der Fürst verschätzte sich nur um einige Wochen. Prinz Eugen von Savoyen, der „geheime Kaiser" Österreichs, trat in der Nacht vom 20. auf den 21. April 1736, leise und unbemerkt, von der Weltenbühne ab, auf der er jahrzehntelang eine beherrschende Rolle gespielt hatte. Am Morgen des 21. April fand ihn der Diener, der ihn täglich weckte, im Schlafgemach seines Palais in der Himmelpfortgasse tot im Bett auf.

Karl VI. hielt den Tod Eugens mit ein paar Zeilen in seinem Tagebuch fest und setzte abschließend hinzu: „Jetzt sehen alles recht einrichten, bessere Ordnung." Man kann darüber rätseln, was der Kaiser damit gemeint hat. Nach einem Dank für die geleisteten Dienste seines berühmten Dieners sieht diese Bemerkung aber jedenfalls nicht aus.

LITERATURAUSWAHL

EDITH PIAF

Berteaut, Simone: Ich hab' gelebt, Mylord. Das unglaubliche
Leben der Edith Piaf. Frankfurt 1973

Bret, David: The Piaf Legend. London 1988

Crosland, Margret: Piaf. Biographie. Berlin 1997

Lang, Monique: Die Geschichte der Piaf.
Frankfurt am Main und Leipzig 1985

Monserrat, Joelle: Edith Piaf. „Non, je regrette rien".
Aus dem Französischen übersetzt und bearbeitet
von Dr. Theo Scherrer. München 1995

Piaf, Edith: Mein Leben. Reinbek b. Hamburg 1966

HENRI DE TOULOUSE-LAUTREC

Arnold, Matthias: Henri de Toulouse-Lautrec.
Reinbek b. Hamburg 2002

Frey, Julia: Toulouse-Lautrec – A Life. London 1994

Heller, Reinhold: Toulouse-Lautrec.
Der Maler vom Montmartre. München 1997

Jourdan, Francis/Adhémar, Jean: Toulouse-Lautrec. Paris 1952

Sugana, G. M./Caproni, Giorgio: Toulouse-Lautrec.
Das Gesamtwerk. Stuttgart–Frankfurt a.M.–Berlin–Wien
1980

GOTTFRIED KELLER

Baumann, Walter: Keller. Leben–Werk–Zeit.
Zürich und München 1986

Breitenbruch, Bernd: Keller. Reinbek b. Hamburg 1994[13]

Ermatinger, Emil: Gottfried Keller. Eine Biographie.
Zürich 1990

Helbling, Carl (Hrsg.): Gottfried Keller. Gesammelte Briefe.
4 Bde., Bern 1950–1954

Kaiser, Gerhard: Gottfried Keller. Eine Einführung.
Zürich 1990

Muschg, Adolf: Gottfried Keller. München 1977

Wieser, Erich: Die Frauen um Gottfried Keller. Zürich 1950

FRANZ SCHUBERT

Deutsch, Otto Erich (Hrsg.): Schubert.
Die Dokumente seines Lebens. Kassel 1964

Fröhlich, Hans S.: Schubert. Eine Biographie. Reinbek b.
Hamburg 1988

Hanson, Alice M.: Die zensurierte Muse. Musikleben im
Wiener Biedermeier. Wien 1987

Hilmar, Ernst: Franz Schubert. Reinbek b. Hamburg 2004

Korff, Malte: Franz Schubert. München 2003

Valentin, Erich (Hrsg.): Franz Schubert. Tagebuchnotizen,
Gedichte. Zürich 1997

NAPOLEON BONAPARTE

Bruce, Evangeline: Napoleon und Josephine.
Das grandiose Bild einer Epoche.
Bergisch Gladbach 1999

Herre Franz: Napoleon Bonaparte.
Wegbereiter des Jahrhunderts. München 1988

Kleßmann, Eckhart: Napoleon. Ein Charakterbild.
Weimar 2000

Tulard, Jean: Napoleon oder der Mythos des Retters.
Tübingen 1978

Willms, Johannes: Napoleon. Eine Biographie.
München 2005

IMMANUEL KANT

Geier, Manfred: Kants Welt. Reinbek b. Hamburg 2004

Gulyga, Arsenij: Immanuel Kant. Eine Biographie.
Frankfurt a. Main 2004

Kühn, Manfred: Kant. Eine Biographie. München 2003

Schultz, Uwe: Immanuel Kant. Reinbek b. Hamburg 2003

Volker, Gerhard: Immanuel Kant. Vernunft und Leben.
Leipzig 2002

Vorländer, Karl: Immanuel Kant. Der Mann und das Werk.
Wiesbaden 2004

PRINZ EUGEN von SAVOYEN

Broucek; Peter/Hillbrand, Erich/Vesely, Fritz: Prinz Eugen. Feldzüge und Heerwesen. Wien 1986

Braubach, Max: Prinz Eugen von Savoyen. 5 Bde., München 1963–1965

Herre, Franz: Prinz Eugen. Europas heimlicher Herrscher. Stuttgart 1997

Mc Key, Derek: Prinz Eugen von Savoyen. Graz–Wien–Köln 1979

Kunisch, Johannes (Hrsg.): Prinz Eugen von Savoyen und seine Zeit. Eine Ploetz-Biographie. Freiburg/Würzburg 1986

Mraz, Gottfried: Prinz Eugen. Ein Leben in Bildern und Dokumenten. München 1985

Oppenheimer, Wolfgang: Prinz Eugen von Savoyen. Feldherr und Baumeister Europas. Wien 2004

ANMERKUNGEN ZU DEN EINZELNEN PERSONEN

EDITH PIAF
verheiratet mit Jacques Pills,
später mit Théo Sarapo
1915–1963
Uneheliche Tochter Marcelle
Körpergröße: 1,47 Meter

HENRI DE TOULOUSE-LAUTREC
unverheiratet
1864–1901
Körpergröße: 1,52 Meter

GOTTFRIED KELLER
unverheiratet
1819–1890
Körpergröße: 1,40 Meter

FRANZ SCHUBERT
unverheiratet
1797–1828
Körpergröße: 1,55 Meter

NAPOLEON BONAPARTE
verheiratet mit Joséphine
Beauharnais, danach mit
Marie-Louise von Habsburg-Lothringen
1769–1821
Kind aus zweiter Ehe: Napoleon II.,
König von Rom
Körpergröße: 1,62 Meter

IMMANUEL KANT
unverheiratet
1724–1804
Körpergröße: 1,57 Meter

PRINZ EUGEN von SAVOYEN,
unverheiratet
1663–1736
Körpergröße: 1,61(?) Meter

PERSONENREGISTER

BIOGRAFIE

IM SCHATTEN DES RUHMES

Friedrich
Weissensteiner

**KINDER DER
GENIES**

August von Goethe
Siegfried Wagner
Anna Freud
Klaus & Erika Mann
Anna Mahler

256 Seiten
ca. 30 sw-Fotos
Format 13,5 x 21,5 cm
gebunden mit Schutzumschlag

ISBN-13: 978-3-218-00757-3
ISBN-10: 3-218-00757-7
Kremayr & Scheriau, 2005

Friedrich Weissensteiner, Autor stets herausragender historischer Bücher, rückt Männer und Frauen ins Blickfeld, die als Kinder berühmter Persönlichkeiten einen Lebenskampf der besonderen Art auszufechten hatten. August von Goethe, Siegfried Wagner, Anna Freud, Klaus und Erika Mann, Anna Mahler: Sie meisterten die besondere Herausforderung, Kinder von Genies zu sein, auf unterschiedliche Weise, manche scheiterten auch daran.

„In seinen Lebensbildern ist Friedrich Weissensteiner einmal mehr ein eindrucksvoller literarischer Bogen gelungen." (Ö1/Wissen aktuell)

Eine Liebeserklärung

Leo Mazakarini
DIE WIENER STAATSOPER
50 Jahre
unser Leben

384 Seiten
über 300 Fotos
Format 21 x 29,7 cm
gebunden mit
Schutzumschlag
ISBN-13: 978-3-218-00760-3
ISBN-10: 3-218-00760-7
Kremayr & Scheriau,
2005

1. Preis BUCHLIEBLING 2006
„Die Wiener Staatsoper. 50 Jahre – unser Leben"
Erinnerungen an musikalische Sternstunden, an Sänger, Direktoren, Dirigenten und Regisseure werden wach. Buchautor, Verleger und Opernliebhaber Leo Mazakarini erzählt Nachkriegs-Geschichte und Gegenwart des weltberühmten Hauses: ein Muss für alle Opern- und Musikfans, ein wunderbar opulent gestaltetes Geschenkbuch.